平岡正明

大山倍達を信じよ

―ゴッドハンド本紀―

秀英書房

序文

今般、平岡正明氏が『大山倍達を信じよ』と題する新著を上梓するということで序文を乞われたのであるが、私としては、何やらタイトルからして照れ臭く、何をどう言っていいのかわからないのが正直なところである。

私と平岡氏とは空手の道では師弟の関係にある。しかし、こと空手を離れては武道百般、人間研究、文学、思想、音楽に独特の造詣と見識を持つ批評家として常に敬意を覚え、その卓見に教えられることの多いよき友人といえよう。

平岡氏に初めて会ったのは、かれこれ七、八年前になろうか。ある雑誌の取材で私の許を訪れ、仕事の済んだ後、一緒に食事をしたことを憶えている。その時、私が「空手をやったら?」と勧めたところ、早速壮年部に入門して、毎週忙しい仕事を縫って稽古に通い、三年間自ら汗を流して黒帯を取った。昇段審査では組手も行ない、激しい闘志をみなぎらせて健闘した。同じ門弟のなかでも、無冠の帝王と称しながら俺は空手何段だと虚勢を張る連中より余程、男らしい清々しさに満ちている。当然、謙譲の美徳も旺盛すぎるほどで、私がその才を見込んで会館の評議員になってほしいと頼んだ時も「草莽《そうもう》の一弟子の身で充分です」と辞を固くした。特異な魅力を持った人物で、私は好きだ。

ところで、私は九歳の時から半世紀にわたって、空手の道一筋に歩いてきた。そして、気がついたら、いつの間にか組織の頂点にいたというのが、いまの私である。しかし、組織の長であるよりは一介の武芸者が私にはふさわしいという思いは、一時たりとも私の胸中から離れたことはない。

また、当初《ケンカ空手》と邪道視された極真カラテも、いまでは《強く華麗で格調高い空手》と評されるまでになった。そして、より大きな飛躍に向かって、いまひとつの過渡期を迎えんとしている。

こうした最中にあって、大山倍達の精神を正しく歴史に位置づけ伝えたいとして本書を著わされた平岡氏の労苦を多とするとともに、本書が狂乱を極める世相と人心の荒廃に何らかの光芒を放つことを信じてやまないものである。

一九八一年　初夏

大山倍達

大山倍達を信じよ

――ゴッドハンド本紀――

目次

目次

写真 平岡秀子・アフロ

序章

すこしずつおかしな日

序　章　すこしずつおかしな日

十一時半に栗山先輩から電話がかかってきて、栗山先輩が「タウン誌『ハマ野毛』が廃刊になって哀悼するよ」と言ったあと「はあ。大山倍達さんが亡くなった。今朝の新聞に出ている。十二時半から野辺送りだ。俺は行ってくる」

「はあ、よろしくお願いします」と俺は言った。

嘘だろ？　新聞を見ると、前夜の中華航空の名古屋空港大惨事のことが大きく出ていた。一般死亡記事欄に、大山館長の死因は肺ガンとあった。肺ガンか。たばこを吸わない人なのにね。十二時半じゃ間に合わないなあ。夕方から松田修教授の出版記念会だ。写真はどこに行った？　過日の野毛大道芸で筒井康隆と山下洋輔が町角で演奏するのを車椅子の松田教授が見ているというめずらしい写真で、差し上げるつもりで昨夜用意しておいた。本の下に入れちゃったかな。まあいい。飯にしよう。

喪服で行くべきだが、喪服のまま出版記念会にまわるというのも具合がわるい。何かないかね。表が喪服で裏返すと平服というリバーシブルがあれば便利だが、ネクタイなんかも表が黒、裏返すと花柄。うん、だいじょうぶ。俺は落ち着いている。

井上陽水の『傘』を笑えない。ベトナム反戦運動のころ、自殺した人もいるのに自分はあなたに会いに行くための傘がないことに悩んでいるという内容の歌を。笑いはしなかったけどね。

栗山先輩もへんだった。『ハマ野毛』というタウン誌を彼は評価《かって》いて、その廃刊に際して「理由は、金の切れ目が縁の切れ目」という疑問の余地のない宣言文を出したのは俺だが、雑誌の廃刊に「哀悼」という語はないだろう。そして、野辺送りに行くから君も来い、という肝腎の一言がない。あの人にしては可笑《おか》しいね。

先輩といっても道場の先輩ではない。大学時代、同一の革命組織に属していた。再会したとき彼は徳間書店の編集者で、徳間から出た大山倍達の著書のほとんどは彼の手による。俺が好きなのは文庫本の『世界ケンカ旅』だ。解説は俺が書いた。その解説は若き大山倍達の「メリケン・ジャップ」ぶりを強調したもので、編集部内や高弟に難色を示した者もいたと聞いたが、これは師弟の傑作であると栗山先輩は突っぱねたそうだ。この本の初出は一九六八年にＫＫベストセラーズから出たもので栗山氏が最初から手がけたものではないのにもかかわらず、彼が愛着した理由は、著者大山倍達、解説平岡、担当栗山一夫三者の間に活字を介して数刻の共犯幻想が生まれたからであると思っている。若き日の大山倍達の大暴れを二十何年か後に大笑いしながら、笑う口に覗《のぞ》く牙をたがいに感知したといった類の共犯関係を。その解説文を本書に収録しておこう。

その三者共犯意識が大山倍達・平岡討議『武道論』を一九九二年暮に生んだ。

保土ヶ谷駅から横須賀線に乗った。二十五分後に品川に着く。品川から山手線で池袋に行くか、東京駅から地下鉄にするかを考えた。山手線だと十分はやい。何時に道場に着かねばならないということもないのに、その十分の遅れが気になり、そのくせ山手線に乗りたくない。景色が見えるからだ。一駅一駅、池袋に近づく景色を見たくない。地下鉄にした。地下鉄だと黄泉《よみ》の国を通って池袋に顔を出す感じになる。地下鉄でしか仕事の出来ないスリ『地下鉄サム』というアメリカの通俗小説は真実である、という他愛のないことを考え、大山倍達が死んでしまうというあり得ないことがあるのだから、道場に着くと、館長が館長室の椅子からゆっくりと立ち上がり、いつものカーディガン姿の腕を差し出して、「やあ、いらっしゃい。何の御用件です」「あなたの葬式に来ました」「それはありがとう。ゆっくりしていらっしゃい」と言うのだ、と思いながら池袋の地表に出た。

東口出口から道場までは六、七分の道のりだ。道場前に影のような男たちがいた。机が出ていた。帳面が出ていた。内弟子が直立していた。すこし離れて、顔見知りの支部長たち何人かがいた。だれも平服だった。表情がなかった。見知った顔の者どうしは視線を避けるようにして黙礼した。動作が緩慢なのは自分だけではなかった。記帳を済ませて去ろうとした。内弟子の人が、「四階に案内するようにと事務長に言われております」と告げた。智弥子《ちやこ》夫人だ。この日一つだけ当った思いは夫人に会うだろうということだった。

俺は過去数年、友人、知人の死におびえている。だから夜中に電話がかかってくるとビクッとする。

俺も死神の影を見る年齢になってきたのだ。年長者の死については順送りとあきらめもつくが、同世代者の死、そしてより若い友人の死はつらい。死神はからかってやるものだ。乞われて追悼文を草するとき、松竹梅と揃っていますがどうなさいますかと言ったり、これ以上は平岡正明《セーメー》保険が元手をなくすからいやだと言ったりはするが、考えまいとしたことが、いざ回想のかけがねを外すと次々に想いがあふれてきて、俺は友を追憶しているのではなく死神と対話しているのではないかと思うことがある。

『平民芸術』という大冊の第一章を「鬼譜伝」とし、はじめ偉大な仕事を成し遂げた人々を顕彰するという自分なりの歴史意識があったが、出版が遅れるほどに身近な人の死が増えるにつれて、この本は不吉なのではないかと思うようになった。そのまま増え続ければ俺が死神みたいになっちまう。最終章は自分自身の追悼文にあてて鼻を明かしてやるくらいの茶目っ気は持っているし、人類の絶対的多数派は死者であるという確信に揺るぎはないが、それでも死というものは慣れることはできない。

葬式は偉大な発明だと思う。遺族はコキ使う。通夜はドンチャン騒ぎをやる。これが方式だろう。会葬者の挨拶、式次第の手順、野辺送りの辞、近親者への報告、役所への届け出……次々にやることがあって、しかも毅然とした態度を要求されることが続いて、遺族を悲しみのなかに放置しないのだ。通夜もそうだ。こんどはつとめて笑いのなかに放り込んで一人にさせない。そうして初七日、四十九日、一周忌というふうに慣らしていく。

夫人は野辺送りから戻られたばかりだった。「ふだん着に着がえてしまいましたが、どうぞ」と居間に招き入れられた。最初に目に留まったのは、仮り葬の壇にまつられた大きな骨壺だった。大山倍達の入った骨壺なんて想像の埒外《らちがい》だった。津浦伸彦氏とその夫人留壹琴《るいこ》さんがいた。申しあげる言葉が見つかりません、と俺は言った。

「そうでしょう。私たちも同じです」と智弥子夫人は言った。

そして茶を淹《い》れて下さった。うまかった。館長と夫人から茶を淹れてもらった弟子はすくないだろう。夜九時、壮年部の稽古が終って文書作成の件で三階の館長室に上がると、館長が熱くてにがい茶を淹れてくれる。これがうまい。汗を絞り切った身体が生き返るようで、喉をならして飲みたいが、何しろ熱いのですこしずつ口に含むうちにシンと心気が冴えていい知恵が出る。話し終って、たいして恐縮もしないままにいつのまにか茶碗が空になり、「押忍《おす》」と挨拶して外に出ると、池袋の夜十時だからネオンは毒々しいと表現していいはずなのだが、港町の灯のようにクリスタルに冴え輝いている。大山倍達の弟子になってよかったと思うのはそんな時だ。

茶で、少し口唇と舌が動くようになった。

もう十五年も前になるが、インドネシアのナルディ・ニルワント支部長が第一回アジア選手権を主催したとき、館長代理でジャカルタに行った。郷田勇三師範が主審、松島良三支部長が審判員、竹山晴友、青木達也両選手が日本チーム出場者、そして智弥子夫人だった。夫人の大会での肩書きはない。大山倍達夫人、それで十分だ。大会は夜七時にはじまる。昼間は暑くて試合はやれない。通路に赤い絨毯《じゅうたん》が敷かれる。本部代表はそれを踏んで主賓席につく。マリク副大統領の臨席があって、副大統領の席は一つ前だ。席を動かず、全試合を見るのが本部代表の任だ。暑かった。朝方決勝戦が終って、入賞者（優勝竹山晴友、二位青木達也、三位がインドネシアの選手、名前を失念して失礼）に賞状を渡すために立ったとき、腰のベルトでせきとめられていた汗が、足首まで伝わった。こちらは大会用ブレザーの下は紺色の開襟シャツだ。その間、智弥子夫人は和服正装で動じなかったのである。

以上はたまたまそういう席で夫人と同席したという特別なケースだが、そこに存在するだけで重きをなす館長夫人の威信というものは壮年部の仲間たちはみな知っている。夜九時に稽古が終るまぎわに館長が道場の一日の〆に顔を出す。館長は稽古をつけてくれることもある。館長不在のおりに夫人が見廻ることがある。道場での挨拶は「押忍」だ。帰りしな「押忍」と挨拶すると夫人は笑顔で「おつかれさまでした」と言う。武道家の妻は一私人として弟子に対して立居振舞うべきであって、そのスタンスは崩さないという信念が感じられる。優雅だ。館長が入ってきたときのビッと緊張した空気とはまた別の、柔らかな威信というものを感じるのだ。

　夫を亡くして動揺しない妻がいるはずがない。それなのに彼女は弟子を慰める側に立ち、その動じないさまは、ジャカルタで、日常の道場で、見たものと同じだった。

　津浦氏とは気心が合う。同期だから、一緒に稽古したし、組手もやった。互角だった。彼は館長の長女留壹琴さんの夫だ。彼女は俺の本を読んでくれていて、ときどき冗談も言い合う津浦夫妻とは友人だ。津浦さんは根生《ねお》いの武道家ではない。学生時代はバスケットボールの選手だった。たがいに組手は真剣にやったが、やられたら研究して次の週にやり返すということはなかった。先輩に、闘争本能に欠けるのではないかと言われることがあるが、そんなことはないと思う。道場でムキになる理由がないのだ。

　俺の戦闘力はあると思っている。活動時の戦闘性、すなわち論争を含むやりとり、気迫、意志の持続力、ことの実現力、そういうものはあると思うし、カラテの稽古はそういう戦闘力を強化するためであって、道場での勝負にこだわらない。それは根生いの格闘技家ではない者には仕方がないことだ。

　彼も同様だろう。現在の彼は五段で関西本部の代表者だから、俺は立ち合っても一分と立っていられまいが、彼はきっと二分間は立っていられるように手加減してくれるだろう。そして、そういう彼は自分の立場がつらいのだと思う。ジャカルタで俺はそうだった。本来の武道家ではない者が、武道家たちの集団に本部代表として臨むのはつらかった。こちらは一回限りだ。しかし彼はずっとだ。いらぬ推量だったらごめん。

津浦氏の聞いた大山館長の最後の言葉は、「ヨーグルトを持ってきてくれ」であり、口をつけて、食が進まず、「あとで食べる」だった。その翌日、館長は亡くなった。ベッドに座っていたので脚の筋肉が柔らかくなっていたほかは、眼の力、声の強さ、身体の張りはいささかも衰えていなかったという。その突然の死に、智弥子夫人は毒殺ではないかと疑ったほどだという。

大山先生が死ぬわけがない。ときどき死神と通信する俺が大山倍達の死など想像したこともない。そして死因は肺ガンと知ったとき虚を突かれた。想像外だ。だから本当だったのだろう。

館長に最後にお会いしたのは昨年十一月の郷田師範の結婚披露宴だった。パーティーは東京湾のレストラン遊覧船だった。月は皓々《こうこう》と輝き、出てきた料理の皿はたちまち空になるという上々の極真日和《びより》で、媒酌人として館長はユーモラスな祝辞を行った。郷田師範は俺と同い歳だ。そして初婚なのである。館長のユーモアが奈辺《なへん》に集中したかは御想像願いたい。そしてたまたま、郷田師範の結婚の序章に俺はかんでいる。フジテレビの深夜番組に『ザ・講義』というのがあった。俺は虎造浪曲「清水次郎長伝」から「善助の首盗り」という一席を講釈した。石松を代参させたために都鳥一家と殺し合いになったことに懲りた次郎長が、弱いのを出せば喧嘩にならずに済むだろうというので、醤油屋善助親分との交渉に、おかめの金太とひょっとこの弥太というあまり強くないのを出したところ、二人は弱いと言われては男と生まれた甲斐がないと善助の首を取ってしまう。ここにはじまる清水一家と黒駒勝蔵一家の宿命の対立、いよいよ棺桶背負って喧嘩状を届けに行く桶屋の鬼吉という大バカヤロが登場するという、ボタンのかけ違いの一段、ここには戦場慰問団の一員として前線の兵士の死を見てきた広沢虎造の苦い戦争体験があるというわれながら上出来の講義。

終って、スタッフとの雑談中たまたまカラテの話になり、アシスタント役の美人が、自分もカラテを習いたいと言った。極真カラテをすすめた。彼女は郷田道場に入門した。

それからしばらくして郷田師範から電話があった。「おれは結婚する。責任とってくれよ」結婚するから責任とってくれと男に言われるなんて、そりゃない。

華やいだ披露宴が終って、館長は船のタラップのところで、会衆者一人一人に握手した。

「会いたい。電話します」

それが昨年十一月のことだった。結婚式の次が葬式だなんて天も悪さがすぎる。そのとき館長の肺の中で猛烈な勢いで癌細胞が増殖していた。そんなことはおくびにも出さなかった。肺ガンの痛みは激しいそうだ。大山倍達という人は苦痛も無視したのである。

通夜をしたかった。儀礼ではない。骨壺を前に朝まで座って、この巨人が本当に死んでしまったという事実をまず自分が納得したかった。松田修教授の出版記念会は六時だ。道場を辞した。津浦氏は玄関まで送ってくれた。階段を降りながら彼は、彼と大山倍達との出会いと別れに出てきた二つの大きな容器のことを話した。彼が留壹琴さんに交際を申し込んだ日、父に会ってくれと言われ、「私の父は大山倍達よ」と言われたが知らず、訪ねると館長はちょうど合宿から帰ったばかりでバケツのような大きなサラダボールから生野菜を食べていて、彼をジロリと見て、身長体重を問い、「火事になったら娘を背負って逃げられるかね」とたずねた。「出来ます」と答えると合格だった。そして今日、特大の骨壺を買ったが、骨が太くて収まり切らなかったと言った。

「出版記念会に暗い顔をして行っちゃだめですよ」

ありがたい。こちらが励まされた。館長家族はそういう人たちなのである。野辺送りから帰ってきた館長の骨に最初に手を合わせ、家族と話した弟子は自分のようであるから伝える。

小さな声で呼び止められたのでふり返ると榊原先輩だった。俺は何度もこの先輩に教わっている。「おやじに死なれちゃったね」と彼は言った。その言葉が自分の気持ちに一番近かった。館長を「おやじ」と呼んでみたい者はいたと思う。男子のいなかった館長も周囲から「おやじ」と呼ばれたかっただろうとも思うが、だれも言えなかった。遠慮とか他人行儀とは違う、人間の格の違いのようなものがあったのだ。バラ先輩の言によると、春の昇段審査のとき、館長が中座し、しばらくして主侍医が白衣の看護婦を連れて上の階へ上がって行ったのを見て、いやな予感がしたという。

では上梓時の著者の責任において言う。

本書の出版は今年二月に決まっていた。初出は『第三文明』一九七九年十二月号から翌年にかけて一年間連載した「過渡期だよ、おとっつあん」という歴史論で、その連載をパート割に分けて、第一部『エンターテインメントなんちゃって』、第二部『喧嘩論集・格闘技篇――大山倍達を信じよ』、第三部『過渡期時間論』の三部作とし、三冊本として一九八一年に秀英書房から出したその二冊目である。今回五本を加え独立させるにあたって『大山倍達を信じよ』という書題を改めるつもりでいたが、大山倍達先生の死によって、変えないことにした。

大山先生自身が初出本に序文を寄せて下さるにあたり、「私のことを書いた本に私が序文を寄せるというのはヘンじゃなかろうか」と述べ、「大山倍達を信じよ」という書題もヘンだと述べられ、それに対して、「そういうヘンな本だから序文をください」と著者が主張し、ヘンな題に決まったといういきさつがある。

館長は、「信じよ」というのもヘンだ、と言った。俺は「信ぜよ」だと抹香《まっこう》臭く、「信じろ」では体育会臭く、「信じよ」が極真らしくていいと主張した。

縁というものはあるのだ。「信じよ」という表現に異を感じたのは国文学の松田修教授もそうだったのである。館長や松田教授の世代の人には、じつは俺もそうなのだが、「信ぜよ」がふつうの文体である。あえて破格を用いたのである。そのことを告げると松田教授は、大山さんという人は言語感覚のシャープな方ですね、と言った。それが縁で教授を極真カラテの大会にお誘いし、ご一緒したこともある。

その松田教授の『異形者の力』（青玄社）出版記念会と大山先生の死が同日だった。

池袋までは山手線にしようか地下鉄にしようかあれほど迷っていたのに、池袋から会場の私学会館のある市ケ谷まで、自分がＪＲで行ったのか地下鉄で行ったのかどうしても思い出せない。私学会館はアルカディアと名を変えてお濠の向こう側から靖国通りに場所を変えたのに間違えずに着いたのだから、地図を調べたはずなのに。

のち栗山先輩は言っている。「あの日、おれはうろたえなかったから、きみもうろたえなかっただろう。ところが二人ともすこしずつへんだった。不動心とは、腰を抜かすってことだな」

私学会館で、俺が大山倍達の弟子であることを知っている学者たちから慰められた。会が終ってから、山口昌男、高田衛、田中優子のお三方から酒場に誘われたのである。下戸だと答えると、「酒を誘っているんじゃない、きみを誘っているのだ」と山口氏は言ってくれた。会うのは十数年ぶりだった。じつはお三方ともに大山倍達先生と間接的に縁があって、『武道論』の中で、高田教授の「累《かさね》」の研究と田中教授の汎アジア水滸伝史論、中国の『水滸伝』と朝鮮の『洪吉童伝《ホンキルトンチョン》』とベトナムの『金雲翹伝《キムバンキュウ》』および馬琴『八犬伝』の相似的な性格を語っている部分に、大山・平岡師弟コンビは言及している。そして彼女には『武道論』の書評も寄せていただいた。武道の師を喪った気持ちを学者に慰藉されたことになる。一九九四年四月二十七日はなんてへんな日なんだ。

山口昌男教授は石原莞爾《かんじ》研究によってカラテ家大山倍達に注目したという。本書に「石原莞爾と若き大山倍達」という文章を収録することにする。それによって「ゴッドハンド本紀」というよい副題を得たが、先に述べた理由によって『大山倍達を信じよ』は変えない。まさしく石原莞爾将軍と若き大山倍達の継承関係は、俺には極真カラテに入門した理由の心臓部なのである。

今まで言わなかったことを語ろう。

大山先生に恩があるのだ。一九七〇年代なかばのある時期、竹中労と俺は東アジア反日武装戦線の中年黒幕だとフレームアップされていた。ガサイレも食った。地下から届いた梅内恒夫論文や東アジア反日武装戦線の文書には共感するものがある。こちらの理論的影響もあるだろう。しかし俺は爆弾闘争はやっていない。やっていないことでお縄を頂戴するのはまっぴらだ。メンバーの中に友人もいた。服毒自殺した斎藤和とパレスチナへ行った浴田由紀子だ。斎藤氏は室蘭の出身なので、中国人強制連行事件調査に際し室蘭イタンキ浜の虐殺死体事件の調査をお願いした。浴田氏は日本軍として戦死したミクロネシア人ポナペ義勇軍遺児の対日遺族補償問題で来日したミクロネシア人たちを援助した。それらの個別闘争（というかどうか）が終って、二人は遠ざかった。自分たちの行動テーマを見つけたからだろう。戦犯企業を直接攻撃するという闘争を俺は採らなかったが、やった者もやらなかった者も、この際「汎アジア窮民革命派」を一網打尽にするという国家権力の意図はあった。

竹中労との共著で梅内論文も収録した『水滸伝――窮民革命への序説』（三一書房）は証拠文献として押収された。『ヒットラー学入門』（潮出版）という本も店頭から姿を消した。石原莞爾論の連載も危うくなった（これは友人たちが守ってくれたのち『石原莞爾試論』（白川書院）として上梓）。

書題から推察できるように、理論的関心は右翼革命の研究にあった。実践的には、形成されつつある新右翼との闘争を通じて活動家を左翼に引きつけること、右翼思想のいいところをかっぱらうこと、ということになろう。竹中労と俺の窮民革命論は新右翼にも影響したと思う。

いずれにしてもそれは国家権力に愉快なことではない。竹中労と俺が爆弾闘争の黒幕だというフレームアップが成功すれば、これは死刑であるから、こっちだって愉快じゃない。

そのとき館長から電話があった。飯を食おうというお誘いだった。このカラテの巨人に一度インタビューしたことがあり、今思えばトンチンカンな質問をしているのだが、そのことを覚えていて、食事に誘って下さったのだ。大山館長は俺が爆弾事件に連座しかかっているのを知っていたはずだ。しかし館長はそのことに一言も触れなかった。ただ、飯を食った。

その人物に敬服してその場で入門した。それから先のことは何回も語った通りだ。

館長の死は、まだ漠然とだが、次の三つを俺に教えてくれた。

大山倍達でさえ死ぬのだから、人間は死ぬものだということ。数年来おびえてきた友人、知人の死を、何とか出来るかもしれない。なに、答えはエゴイズムさ。うろたえるのは自分が死ぬ時だけにしよう。

『武道論』で館長にすこし恩返しが出来たということ。あの本の発火点は栗山さんである。松井選手が優勝した第四回世界大会のあと、雑談まじりに彼が言った。

「大山さんの駄々っ子が頭をもたげているのに気がついたかな?」

「何に?」

「組織の長であり、指導者であり、教育者であるもろもろの公的な大山倍達に、あの人の実存みたいなものがさ」

「なるほど」

「それは若い頃のようにがむしゃらに強さを求めるのではなく、思想に近い何かの形を得ようとしている、とおれは思うよ」

「ええ、それで？」

「それをきみが引き出せ」

「館長と組手をやれと仰せですか？」

「いやかね？」

「どういたしまして。館長に思い切りぶち込んで、効くか効かないか、弟子ならだれだってやってみたい。思想には顔面攻撃ありですよ」

「ではやれ。おれが編集する」

こうして質問条項を四十項目ほど作成した。それに基づき館長、栗山先輩と二泊三日の合宿をし、食事の時もテープをまわし続けた。討論の中で出てきた理論的事項を抜き出し、小論文形式の地の文を書き加えた。夜毎に館長から電話があり、Aの項目を訂正せよ、Bを言い直せ、Cを展開せよという指示があって、本は完成した。速記を担当してくれた佐藤正明氏、編集実務を担当した向井徹氏（彼は都合四回、全文を朗読した。館長は腕組みをしながら聞いて、訂正の指示を出す）を含めて熱中した甲斐のある本になった。

最後の一つは、俺は師に対し信義を完《まっと》う出来たことだ。たがいに敵も多いし、瀬戸際で助けてくれる友も多いが、五十歳を過ぎての友は一生の友だと思っている。俺は大山倍達という巨人を一瞬たりとも疑ったことはない。そりゃ出来ることと出来ないことがあるが、師弟の信頼関係は一度も崩れなかった。大山倍達という途方もない人物を信じ、「大山倍達を信じよ」と言った本人がその点は満足しているのだから、俺は自分を信じてもいいだろう。

すでに想い出はあふれるほど出てくる状態に本稿の末尾で到達している。一つだけと言えば、二泊三日の合宿終了時点で、館長が「平岡さん、疲れたね」と言ったことだ。父親と語り続けたような気持ちだった。

第一章

石原莞爾と若き大山倍達

第一章　石原莞爾と若き大山倍達

横浜で一つ席が空いた。腰を下ろし、会場で買った『ダイナミック空手』と、車中で読もうと持ってきた五木寛之『深夜の自画像』を取り出して、どちらから読みはじめようかと頁をめくってみた。奇妙な予感がした。うまく人には伝えられないが、俺はいま何か発見するぞという信号のようなもので、電車がポイントを高速で通過する際のカカカカというリズムのなかにその予感が浮上してきたことを覚えている。

日貿出版社版、大山倍達『ダイナミック空手』は大型の本で、その表紙に、百匁《め》ろうそくの炎を右正拳突きの起こす風で吹き消す大山倍達の写真が載っている。上半身裸である。稽古着の袖口で風を起こすのを防ぐためだ。拳骨の起こす風圧だけ。やってごらんなさい。微風でタバコをつけることもできず、チッと舌うちさせるガス・ライターの火でさえ、われわれのパンチでは消せやしないから。近々撮影に成功すると思うが、大山倍達が朝もやの中で左右のショート・パンチを突き出すと、腕のまわりにジェット気流が生じる。その飛行機雲を作り出す腕が百匁ろうそくの炎寸前で止まり、炎がちぎれて吹き消されようとする写真が本の表紙に載っている。その眼の光り、口元、筋肉の盛り上がり、まさに仁王様である。この世を離れ、怪力乱神の世界に遊んでいるとしか言いようがない。

この写真を二、三の友人に見せたら、みんな笑い出してしまったのだ。ゲラゲラ笑うより、表現の仕方がないのだ。「人間じゃないね」「こんな人に暗闇でバッタリ出会ったら、俺ア、腰抜かすよ」とあとから感想が出てくるが、その通り、大山倍達のにらみ倒しというのは事実なのである。池袋でマス大山に喧嘩を売ろうとしたヤーさま二人が肩に手をかけ、ふり返った大山倍達の目と視線が合ったとたんヘタヘタと腰を抜かした。

さて、一方の五木寛之は、創樹社版のそのエッセイ集にしほりがはさみこまれていて、しほりの左頁に「大阪旭屋書店にて」とキャプションのついた、たぶんサイン会なのだろう、文字を書いている作家の横顔が写っている。これはいい写真だ。髪はハラリと垂れかかっているが、いつものように愁いをおびた風に吹かれているのではない。

じつは俺も、電車の中で声を殺して、クックッと笑いだしていた。人類にはいろんなヴァリエーションがある、とつくづく思った。
しかし二葉の写真には似たところがある。正面像と側面像の違いはあるが、炎を見つめる大山倍達の目線と、ペン先を見つめる五木寛之の目線はともに四十五度斜下、あたる場所もほぼ同じ、どちらも真剣な表情であり、空手家が拳を使うことと著述家が文字を書くこと、ともに仕事をしている姿なのだ。
「空手はスポーツ化する方向にあるが、空手を完全にスポーツ化すれば、真の空手の迫力は失われる。たえず武術というカンフル注射があってはじめて真の空手が生き残るのである」(「空手の沿革」、『ダイナミック空手』)
「極私的なものを更に深く掘り進んで行くとそこに突然、共同体の広場へ通ずる路がポッカリと現前する、というのが、これまでの私の考え続けてきた道筋だった。ナショナルなものを単に戦後二十数年の拝外的風潮の反動としてでなく、流行歌や民謡を掘って和讃や声明に突き当たり、さらにそこをたどって半島大陸、アジア・アフリカへ脱け出るような視点から捕えなければならない。津軽三味線がはるかに西域につらなるようにである」(五木寛之、しほりの右頁のコメント)
見つけた！　この時俺が束をなして見つけたことどもの内容をごろりと放り出す。

（1）満州が見えた。第二次世界大戦後における、石原莞爾・東亜連盟の最良部分の継承者は大山倍達であり、極真空手である。
（2）極真空手は、その理念においても完成しつつある。大山倍達は思想家としても巨人的である。
（3）満州体験（植民地経営と、その崩壊および棄民）は日本戦後思想の、暗いインパクトであり、そのインパクトは、ジョージ川口、秋吉敏子らのジャズ、赤塚不二夫のマンガ、大藪春彦の作品、五木寛之（彼の場合、大陸よりも北鮮であったが）の作品と評論活動などによって顕在化しているが〈満州帝国の崩壊↓日本社会の戦後経過〉ということの持つ意味を、もっとも典型的に、もっとも明示的に、もっとも体系的に見せてくれているものは大山空手である。なぜか？　もっとも典型的に、ということは大山空手は誕生の瞬間から国際主義の運命を持っていたからだ。これは日本武道の国粋主義という方向と決定的に大山空手を分かつものである。

もっとも明示的に、ということは音楽や絵画や文学よりも拳骨の方がダイレクトだからだ。もっとも体系的に、ということは武術だからだ。俺なりの理解では、武術は〈基本↓組手↓秘技↓基本〉の往還《フィードバック》によって体系化されている。基本とは、個性や駆け引き以前にあるものであって、だれにとっても有効で自然な身体の動かし方のエッセンスであり、千年という時間をかけて継承されてきたものである。組手は実戦、防御を上まわる攻撃、その攻撃をさらに防御し、その防御をさらに打ち破る攻撃という応酬のなかに秘技が生まれる。秘技の本質とは殺し業ということだ。人を殺せない武術なんてものはない。一撃で殺人可能だから武術なのだ。殺人可能な業を身につけた者が実際に殺人を行うかどうかは別問題だ。この問題に関しては二つばかり引用しておこう。

「漢字の武という字は、弋（ほこ）と止（とめる）という二つの要素から成り立っている。ほこを止めること、すなわち戦いを抑えることが、漢字の生れた古昔から武の本義と考えられていたのである」（大山倍達、世界空手道選手権大会開催にあたっての檄文から）

「私はある大学の空手部の学生が、空手の拳頭をちらつかせて人を威嚇したり、ときには半暴力をふるったりしたことを小耳にはさむときがある。私がそのときに考えるのは、彼らはきっと、健康体操のような力のこもらぬ空手の練習をやっているのに違いないということである。彼らが威嚇や暴力に走るのは、真の空手の迫力とダイナミズムを知らないために、空手の威力を試してみたいと思うからである」（『ダイナミック空手』）

押忍、心で相手を押しながら忍ぶこと、いつでも殺す力があるから悠々としておさえること。

秘技は、こういう秘技があり、そしてそのためにはこういう訓練方法がある、ということによってふたたび基本に還る。技と訓練の繰り返し——そのように実践的だから武術は体系的なのだ。

（4）よし、俺はトコトン空手をやってやろうとフッ切れたこと。

そんな感情の束が、ポイントを通過するカカカ……というリズムのなかでまとめて湧き上がってきたのだった。この夜は、一九七五年十一月二日、東京都体育館で第一回オープントーナメント全世界空手道選手権大会の二日目決勝戦が行われた日だ。俺はその時に五カ月ほど極真会館壮年部で稽古をしていた。それ以前から大山倍達のファンで、著書を愛読していた。ことは『闇市水滸伝』で、黒旋風李逵《こくせんぷうりき》みたいに強い男はいないかと探し——「探し」というのは失礼だが——、大山倍達氏に注目したということにはじまっている。朝倉喬司とこんな話をしたのを覚えている。

「大山倍達という空手家の闇市時代の体験談は面白いと思っているのだが」と俺。

「じゃあ、おれが会ってくるよ」と朝倉。帰ってきてから彼は言った。「いま、ちゃんと調べもしないで書くのはよした方がいいよ。あの人はすごいよ。あたたかい人でね、スケールがでかい。気楽に会ってくれてね。握手したんだが、柔らかな手なんだ。お茶が出てね、おい、お茶だけじゃいけない、おせんべさん買ってこい、と秘書に言った」

「おせんべさん、て？」

「さん、つけたかどうかな。でもそんな感じだよ」

朝倉喬司はサミー・デイビスみたいな才能を持った男で、相手の特徴をつかみ、まねるのがじつに上手なのだ。そして、俺は、昔から、煎餅好きに悪人はいないという信念を持っている。

「ともかく自分で行って会ってこい」と朝倉は言った。

それから二年ほどして大山倍達氏に会った。梶原一騎原作の劇画『空手バカ一代』や、大山氏の『闘魂』（サンケイドラマ出版、一九七二）、『ケンカ空手世界に勝つ』（スポニチ出版、一九七二）、『私の空手道人生』（講談社、一九七三）、『世界ケンカ旅行』（ＫＫベストセラーズ、一九六八）といった本を《水滸伝的興味》で俺は読んでいた。握手をすると、マス大山の手は、大きく、温かく、柔らかく、朝倉喬司の言った通りだった。ＦＢＩ隊員たちが「神の手」と呼んだ手はこれだったのだ。霊的な手なのである。こちらの構えや緊張がスーッとなくなる手で、自然石を割り、岩石を砕き、牛の頭蓋骨を割り、飛ぶ蠅をつまみ、二本指で天井のさんにぶら下がり、レスラーや重量級ボクサーを連破してきた手がこんなに柔らかいというのは想像が出来ないだろう。

そして俺、ミイラとりがミイラになった。

入門してから五カ月、俺は『ダイナミック空手』読むまいと思ってきた。『空手をはじめる人のために』（池田書店、一九七二）という入門書だけを繰り返し読み、写真を見て、稽古をした。本で頭から入ったものは長続きしない。俺は型が覚えられず、型の図解と連続写真の詳しい『ダイナミック空手』を欲しいと思ったが、自分の場合には本で覚えるのは安易だからと我慢していた。

ちょっと書誌的なことを。空手技術書のバイブルは *What is Karate?*（日貿出版社、一九五八）と *This is Karate*（日貿出版社、一九六四）の英文のもので、大山倍達氏の著作の出版が外国からはじまっていることに注目する必要がある。後で詳述するが、誕生の時から国際主義の運命を持っていた大山空手は、外側から固まっていったのである。英文の前者は十年間で十二万部、後者は二年間で六万部を売り、『ジス・イズ・カラテ』はフランス語で海賊版まで出た。海外の空手家たちはこの本で勉強したのだ。

『ダイナミック空手』はその二作の日本版である。この本は日本語で読める最も網羅的・体系的な指導書である。そしてこれが極真空手の精髄を伝えている。牛殺しの秘訣を書いたような本は他にあるはずがないが、そうしたことを離れて、東洋武術の体系がどれほどの思想性を持つかという証拠として一般読書人にもこの本を読まれることをすすめたい。

この本は指導書として分かりやすい。写真と図がいいのだ。あまり人の知らないことだが、大山倍達氏はレイアウト・マンになろうとしたこともあり、指導書は全部自分でレイアウトしている。だから、蹴り一つとっても、蹴り出し、過程、インパクト、その正面からの三葉、側面からの三葉、真上から見ると頭部、腰、腕のバランスはこうなっているという写真、インパクトの瞬間の指の返しと軸足の拡大写真、といった具合に丁寧に解説されていて、自習が容易なのだ。実戦空手の合理主義精神がじつによくあらわれている。

なぜそうなのか？　東洋的神秘（神秘主義のふりをした家元的秘密主義）など通用しない西欧人のなかで戦い、普及されてきた空手だからである。本の端々にも大山倍達の明朗な精神があらわれ、体系的にもあらわれている。まずはしばしのことを。ドスを持った五人の暴力団員に喧嘩を売られ、自分はこういうことも出来るがそれでもいいか、と彼の手刀がビール瓶を打った。ビンの首だけちぎれて飛んだ。自分でもそんなことが出来るとは思わなかった。それから練習した。

「その夜すぐ家へ帰ってビール壜を叩いてみたが、何回やってもダメだった。その翌日も、翌々日も……。一年の間私は工夫したが、この間ビンが割れたときに手を切るという事故が何回かあった。そして私がビン切りのコツに気がつくまで一年半もの歳月を要したのである」（『ダイナミック空手』）

最低一晩に一本としても、すくなくとも五百本はビール瓶を割り続けたことになる。空手バカと言わざるを得ない。そうして苦労して得たことを惜しげもなく他人に教えるのだ。どの職種でもいい、自分の職業のコツをこうまで容易《たやす》く同僚や後輩に教える人物がいるだろうか。また指導者としては、自分でやってみてはじめて他人に努力を要求することが出来るということをもこのエピソードは教えている。

大山倍達の明朗な精神が『ダイナミック空手』に体系的にあらわれている箇所は、ことに、第一篇「空手の基礎」、第六章「特殊攻撃」である。一言で言って殺し技のオンパレードだ。攻撃箇所、攻撃方法、タイミングが写真と文章で詳しく、というよりも露骨に、解説されている。そしてコメントがある。「これらの技のうち、顔面に対する攻撃はことに残酷な感じを与えるが、武術としての空手が必要なとき、たとえば民族が不当な侵略によっておびやかされたとき、あるいは狂気の暴力によって家族の生命がおびやかされる時などを除いて、決して使ってはならない。以上のことをよく念頭に置いてほしい。これらの攻撃は空手の極限であり、決して実在させたくはないものだからである」

実在させたくない技をもつ武術としての空手、それはこういうものだという明示、この精神は明朗であると同時に、日本人にはめずらしい論理性だと思う。俺、ふと思い出す。プロレタリア独裁とは、反抗するブルジョワジーを粉砕するための、国家権力にまで自分を組織したプロレタリアートの暴力の発動である。独裁とは、法に依拠しない暴力の無制限の行使である。そのようなプロレタリア国家は、やがて、暴力の必要がなくなるとともに、すなわちプロレタリアートの全世界的規模での完全な勝利ののち、徐々に、眠り込みはじめる、というボルシェビキの火の文字を。さて、今ひとつのことを言って冒頭に戻ろう。大山空手の明朗な精神は世界選手権大会の開催指導理念にも貫徹されている。それは日本の選手が勝たねばならないということに集約された。

「現段階では、まだまだ本部の日本が世界の空手のリーダーシップをとらねばなりません。だって歴史が違うではありませんか。空手は日本のもの、東洋のもの——私が普及してまわってまだ二十年そこそこの歴史しかないアメリカ、ヨーロッパの空手に負けるようでは話になりません」

一見、大山倍達は国粋主義に回帰したように見える。しかしそうではない。「本家の尊厳を持たねばならぬ段階――そして外人勢が目標とし、励みとする存在」(『私の空手道人生』)の日本空手、いまこれが破れることは、外人勢が慢心し、世界の空手が停滞することであること、これがマス大山の回答なのだ。

そして技は外国人・日本人、一切差別なしで教えている。第一回世界選手権に、一国四人、合計百五十人の選手が参加したのであるが、主催国日本は八人の選手をエントリーさせた。勝つだけが目的なら、オリンピックみたいに、バス一台分日本選手団をエントリーさせる。日本選手は一位から六位までを独占し、大会は、実質的には百四十二対八の対戦の観を呈したのである。

試合を見た方には、邪拳と言われてきた極真空手が、何のけれん味もなく打ち合うのを見て印象を改められたと思うが、俺も、その夜、三十四歳になってはじめて師と呼べる人物を探し出せた自分をうれしく思った。

さて、冒頭に引用した箇所、すなわち、空手がスポーツ化することは近代化の法則的なものであること、したがってつねに武道としての空手からのインパクトを送り続けねば死物になること、という把握に戻ろう。このこと自体は、ちょうどブルースとジャズの関係に対応することで俺には理解しやすいことであり（リロイ・ジョーンズの《ブルース衝撃《インパルス》》という概念を想起してほしい）、かつ、すべての真面目な思想が一度はぶつかる日本社会の二重構造に対して、極真会館の回答がこれなのだなということはすぐに分かった。しかしそれが理念にとどまらないのが大山空手であって、武道空手とスポーツ空手の相関ということを、極真会館はその組織論および訓練の実戦的体系化によって具体化している。

俺なりに言えば、上からの民主主義の実現である。大山館長ほど自分の組織をみごとに統轄している指導者はいないだろう。強いからだ。まず強いこと、一に強いこと、二に強いこと、武道家の集団であるから、この「強い」ということは文句なしの条件であり、そしてその思想性、包容力、空手バカぶり、人格、そして大山倍達の宣伝上手と眉をひそめて言う他流の武道家もいるが、その宣伝力、どれをとっても抜群の人物である。近代戦に不可欠な宣伝能力ということでは彼はゲッベルス的な能力を持っているように見える。生まれついてのスターということに加えて、見本を示さなければ納得しない欧米人のなかに空手を普及させてきた経験から、ここぞというときに打つ極真会館のデモンストレーションの華やかさ。細かなことを言えば、立ち方の攻勢を示すために女性演者にタイツ姿で演じさせるなどという型破りは他の空手指導者にはない。かたわら、弟子の俺がこんなことを言うのもなんだが、自分は一武芸者として力の盛時を過ぎたら裏店《うらだな》にひっそりと住み、一人か二人の弟子に技と訓練法を教え、ソバを食って死んでゆくような道を選びたかったと述懐するのを聞くと、何てこの人は魅力的なのかと思う。

強い館長がいて、劇画でご存知の中村忠、大山茂、芦原英幸といった強い高弟がいて、優秀な指導員たちがいて……と上から下へと統轄されていくルートは明瞭になっている。一方、それが民主主義だというのは、ボランティア精神のない武道はないということによる。どんなに強く優秀な指導者と体系があっても、自分でやらねば話にならないのだ。戦闘は空間的には線から面、面から体《たい》に発展・移行し、戦闘主体は、密集から横隊、横隊から縦隊、縦隊から小隊単位の散兵線に変わり、やがて個人を単位とするものになるだろうという石原莞爾の戦闘史論が、石原莞爾の戦争論と大山空手の技術とは関係がないが、その予言の実現として空手に実現しているかのように思える。

日本敗戦は石原莞爾をして次のように言わせた。

「昭和維新とは東亜諸民族の全能力を総合運用して、身に寸鉄を帯びず生活そのものの力によって、この決戦に必勝を期することに他ならず」（昭和二十年十月）

身に寸鉄を帯びず……空手。これが若き大山倍達の理念になったということを大山氏自身は語った。大山空手に俺は石原莞爾を見ると同時に、毛沢東をも見る。徳育・知育・体育を総合して教育と呼ぶ毛沢東思想と極真会の理念は重なり合っている部分がずいぶんあるのだ。ついでまでに述べておくと『ダイナミック空手』全体の序章ともいうべき「空手の沿革」は、左翼ならば《プロレタリア格闘術》とも読み替えられる内容を持っているものだ。

アメリカでプロレスラー、ボクサーと戦い、香港拳法と戦い、タイでは国技タイ式ボクシングと戦い、バリ島ではカマキリ拳法と戦い、フランスでサファーデと戦い、ブラジルでカポエイラと戦い、ことごとく勝つといった経歴についてはよく知られていることだから、ここで述べるまでもあるまい。『ダイナミック空手』を読んで俺が真に感銘したのは、日本社会の二重構造を指摘しそれに対応するだけでなく、そこから出て国際性を持っていることを確認できたことだ。

現在の俺の水準で理解する極真空手とは次のようなものだ。

Ｉ　それは大乗空手といったものであって、第二次世界大戦を経験した人類の、武道における一つの集約である。

Ⅱ　第二次大戦およびその戦後過程を経ることによって、大山倍達は――

a　東洋武道の再吟味および集約と

b　西欧系格闘技との実戦

という二様の方向で国際性を獲得した。東洋武術の再吟味はさらに次のように下位区分される。

（1）寸止め空手の批判。

（2）東洋医学（主として漢方）、呼吸法（主としてヨガ）の体系と不可分の関係にあるものとしての東洋の各武術の再発見。

（3）東洋武術の剛（主として騎馬民族系）と柔（主として漢民族系）の統一。

西洋の格闘技は大雑把である。力で叩きのめすもので、身体の各急所に、正拳、鉄槌、裏拳、手刀、背刀、貫手、狐拳、猿臂《えんぴ》（肘）、鶏口《けいこう》（眼をつく時に用いる）、一本拳、掌底、平拳、のど輪と使い分けて打つ、東洋医学の体系と並行した東洋武術の、精妙な攻撃法はない。大山倍達の西洋格闘技との他流試合は、東洋武術の、西洋覇道武術（なんて語はないが）への殴り込みであり、それがアメリカのプロレスとの他流試合からはじまったことは、あたかもたった一人の日米決戦を思わせる。

日本が東洋の吹きだまりであるように、アメリカも西欧の吹きだまりでありかつ新生の地であるという一面がある。プロレスは西洋系諸格闘技の百科事典でもある。日本は戦争で敗れたが、まなじりを決して戦勝国アメリカのまん中に乗り込み、勝ち抜き、一方はアメリカの格闘技を日本に移しかえた力道山、他方は東洋の武術を西欧世界に普及させた大山倍達は戦後英雄の二つのあらわれである。

大山倍達が西欧格闘技との対戦で大山空手につけ加えたものは、実戦による証明という合理主義精神だった。特殊な状況に、特殊な体験と特殊な能力を持って花咲いた大山空手は、大山倍達一代限りのものといえる。しかしそれは極真空手として全世界の弟子に引き継がれたのであり、いま理念的にもその完成を見せつつ、空手は次の世紀に残す偉大な遺産の一つとして現代に転生したとみる。

そしてc——。

各国・各民族の闘技との対戦を通じ、ついで自分の門に蝟集《いしゅう》してくる門人たちを指導する体験（実に厖大《ぼうだい》で広範囲な体験、国外旅行七十数回、直接指導した弟子六万、支部五十四カ国、門人総数百四十万）を通じ、大山倍達は格闘技の民族性・階級性というテーマにぶつかっているように見える。というよりも、俺にはそれがそもそもの第一テーマだったのではないかとさえ思える。彼は政治家やイデオローグではないから、民族や階級が直接に拳の振り方にかかわるといったものでない以上、武術の体系にそれを繰り込むようなことをしないが、少林拳僧の抵抗や、自分の最初の師であった朝鮮人季節労働者でかくれた借力《チャクリキ》（古代朝鮮の闘技）の名手李相志《りそうし》や、徒手空拳で薩摩の武器に立ち向かった沖縄の空手の名手たち、独・英・米・日連合軍に素手で立ち向かい銃火に倒れていった中国拳法の名手たち、鎖で手を縛られたために蹴り業を発達させたカポエイラの名手の黒人奴隷、そして貧しいニューヨークの黒人や南アの黒人たち、パレスチナの弟子たちに筆をおよぼすとき、階級と民族のテーマをここまで考えている武術家が他にいるかと思わせる。その眼は温かい。俺をして言わしめれば、極真空手の第三の鮮烈な特長は、貧しい者の側に立ち、抑圧された民族の側に立つということだ。これでは国粋右翼みたいな他流派と折り合いが悪いはずだ。

大山倍達は近々潮出版社から『民族大移動論』（仮題・のち『世界に賭けた空手』、一九七六）という本を出す。俺はたまたま生原稿を拝見する機会を得て、うーむと唸った。彼が世界をどう見ているか、いかに確固たる方針をもっているか、俺は大山倍達の思想家・著述家としての力量にかねがね畏敬の念を抱いていたのであるが、うーむ、すごい。

末尾に石原莞爾と大山倍達の知られざる関係を記しておこう。若き大山倍達が東亜連盟に属していたこと（入会は十七歳）、年弱くして末席に連なっていたので、将軍の思想の全体はつかめなかった。

ただ、石原莞爾の講演を聴き、思想の芽生えを経験し、神のように尊敬していたこと、戦争中空手の稽古をした西山牧場が石原莞爾由来のものであること、唐手（大政翼賛会が成立した時点で「唐手」という語は禁じられ「空手」に統一された）の師曹七大師《そうしち》を経て、将軍から木刀をもらい、この木剣は舟島で武蔵が小次郎を倒した櫂《かい》を削ったものだと言い伝えられたものであったこと（大山倍達の武蔵尊敬の念は戦中にすでに芽生えていたのである）などがその事実である。

一九三二年、九歳の大山倍達は本籍地東京を離れ、海峡を渡り、興安嶺《シンアンリン》を越え、いくえにも連なる満蒙の丘を越え、海のような高梁畑《コーリヤン》を馬車で揺られて満州里近く、札蘭屯《チャラントン》の姉の牧場に着いた。倍達少年は支那馬に乗って野を駆けて育った。秋、農業に朝鮮人、満州人、漢人の季節労働者が働きに来る。収穫が終ると、男たちは火を囲んで祭りを祝う。

やがて蒙古角力《すもう》がはじまり、優勝した男が、李という名の小柄な労働者に喧嘩を売った。李さんははじめ座の人混みにかくれて避けていたが、男に襲いかかられて神技をふるった。襲いかかった男の頭髪を一瞬のうちにむしり取ってしまったのだ。この人物李相志が大山倍達の最初の師である。

長じて帰国した大山倍達は山梨少年航空学校に入る。戦闘機乗りは少年たちのあこがれの的だったのだ。そしてこの級友の朝鮮人学徒がそろって東亜連盟のメンバーであり、かれらは石原莞爾こそが朝鮮を救済する人物だと信じていて、友人たちに連れられて大山倍達は石原莞爾の講演を聴きに行き、将軍（その当時はすでに軍を離れていたが）の心酔者になる。

当時、東亜連盟や田中沢二の立憲養正会系のメンバーの集まる義奉会道場というものがあって、柔道の代表者が武徳会の牛島辰熊（その高弟が木村政彦）であり、空手の代表者が剛柔流の曹七大師であった。大山倍達が木村政彦を先輩と呼ぶのは義奉会を通じてである。

この曹七氏と、石原莞爾に最後までしたがった曹寧柱《そうねいちゅう》は同一人物である。石原将軍の遺著（口述）ともいえる『日蓮教入門』の筆記・構成に携わった人物は、白土菊枝、武田邦太郎、曹七氏の三人だった。

山梨少年航空学校を卒業した彼は航空機の整備兵にまわされる。そして一度軍隊から脱走するのだ。上官の兵いびりが原因だ。夜、宿舎で、大山倍達が遠く妹さんからきた手紙と写真を眺めていると、上官がやって来て、写真を取り上げ、破り棄てた。

怒った倍達の一撃、上官を半殺しの目にあわせた。反抗罪で八カ月の重営倉である。夜毎、上官は仲間とやってきて、竹刀による私刑《リンチ》。さしも頑健な倍達も、殺されると思い、自ら口唇をかみ切って大量に出血し、ために病院に担ぎ込まれた。そしてこの病院から彼は脱走した。たった一枚の写真から――。その写真には朝鮮の民族衣装を着た妹さんが写っていた。

脱走兵大山倍達は、千葉県に強制連行されてきた朝鮮人徴用工の部落に身を潜めた。やがて親切な医師が倍達に同情して、死にかけて自分の病院に倍達がやって来て、ここで入院加療していた旨の診断書を書き、その診断書を軍に直送してくれて、彼の脱走は不問に付されることになる。上官の私刑があるために軍は倍達を処罰できなかったのである。

そして彼は《あこがれの特攻隊員》戦闘機乗りになって、出撃を待つうちに日本の敗戦をむかえる。脱走の物語をつけくわえて、あとは『ケンカ空手』や劇画の伝える通りである。

満州ではじめて李相志に拳法を学び、東條に弾圧された石原莞爾の門を叩き、脱走して朝鮮人徴用工の部落に潜み、特攻隊出撃の機を失して日本の敗戦、闇市時代、ヤクザの用心棒にまで身を落として、廃墟の底から転生、やがて戦勝国アメリカに乗り込んで強敵を撃破――大山倍達の前半生には、地獄で泥まみれになって百八十度転換して一つの世界思想に達した「東亜連盟」のいま一つの戦後経過がある。

わが師大山倍達の強さの一端を俺はここにも見る。大山倍達とともに、維新期、大陸侵略戦争、太平洋戦争とたどってきた「あねさん待ちまちルサンチマン」も戦後経過に入るのだ。

わが師　大山倍達

第二章

体力論丹田篇

第二章　体力論丹田篇

実用的な、というのは世のため人のための、この文章を書きはじめる動機は二つである。二つの動機は一つの目標に結び結び合わされる。体力の黄昏《たそがれ》時代に差しかかった同世代の友人のパワーアップを！

彼は親友だ。著名人であるが、病気のことを記すので名は出さない。彼が企画し、書いた本はヒットしていて、その筆力に俺なども驚き、友人が頭脳の黄金時代に入りつつあるのをうれしく思っているが、彼の病歴も幾何学的な正確さで進んでいくのを痛ましく思った。病気の原因は疲労のたまりすぎの一語につきる。

生命の芯を景気よく燃やして寿命の二十年や三十年をちぢめても俺は止めるつもりはない。みごと燃えつきれば、殉職とか、戦死とかいったいくらか壮絶な図柄に近づく。ただ、彼と俺のあいだには、それが彼本来の戦場ではないような気がするし、自分がくたばる前にはせめて敵の一個大隊くらいは全滅させて、三途の川はにぎやかに渡りたいという暗黙の了解があった。彼はギックリ腰になり、藪医者《やぶ》にいじくられて悪化し、救急車で病院にかつぎこまれ、その病院が輪をかけた大藪医者彦だったもので、腸閉塞を併発して死にかけた。気力のある男だ。口唇が白っぽくなっているくせに、「今日は十回近く浣腸されたから、A感覚に目覚めるのをおそれる」なんて言っている。ついに這《は》って病院から逃げ出した。この気力が彼を救った。彼と次の点で意見が一致した。

一、ランニングや、軽い体操や、即席療法ではだめだ。抜本的に身体を鍛え直す。

二、アタマの疲れは身体でとる。

三、精神の疲労は丹田《たんでん》でとる。

四、思想はパワーでつくる。

新聞で三十代サラリーマンの体力の目安を読んだ。呼吸を一分止めること、目をつむって片足で一分間立てること、身体を伸ばして寝て、手を使わず上体を起こせること、足を前方にまっすぐ伸ばして座り、そのままの姿勢で五分耐えられること、そのままの姿勢で身体を後方にそらし、後の物がいくらか見えること。これができれば普通の状態だとされている。

いくらなんでもひどすぎる。これが出来なければ病人だ。俺はいろいろ考え、自分でやってみて三十代後半の男子は次のことが出来るのを標準とすべきだと思っている。

一、中間の、一定の速度でランニング二キロ（ゆっくり五キロ走るよりいい。マラソンは耐久力をつけ、ダッシュのインターバル走法は筋力をつける。その中間である）。

二、膝を伸ばしたまま上体を曲げ、指が地面につくこと。

三、腕立て伏せ十回。

四、腹筋十回。

五、壁を支えにした逆立ち二十秒。

六、真っ直ぐ仰向けに寝て、膝を曲げず両足を十センチないし二十センチ空中に浮かしたまま静止すること二十秒。

自分自身のデータを出しておこう。一九七六年二月上旬現在、年齢三十五、身長百七十、体重六十四、腕立て、腹筋の五十回。逆立ちの一分間はかなりきついという水準。一—六は楽々とクリアするから同年齢層の平均値を大幅に上まわっていると思うが、空手をはじめて七カ月経つからである。極真会館本部道場壮年部に籍を置き、白帯であるが、体力、技量ともに最低クラスである。情ない。なお一—六のものは、入門当初の自分の目標だった。入門に資格審査があったら俺ははねられていただろう。

さて、こんなことを書くつもりになった動機の二は、上野昂志「山田風太郎忍法小説論」（『道』一九七六年三月号）を読んだことだ。肉体論である。二つほど引用しておこう。

「実に、肉体こそ、六〇年代において浮上した主題にほかならなかった。むろん、そうは言っても『はぐれてしまった自分の肉体を凝視する』ところからはじまった暗黒舞踏や、演劇における脚本から舞台への天下りを、舞台から街頭へと通底する役者の肉体において転倒させようとした芝居ほどに『肉体』に関して自覚的な表現がすべてだったというわけではない。しかし、意識的には美術の文脈のなかで――中略――そこでは肉体あるいは肉体性は、それとは自覚されずに、《隠れた主題》であったのだ」

「六〇年代とは、ことばと肉体との亀裂が一挙に露わになった時代であった。むろん、肉体そのものが白日の下に浮上したのは一瞬のことで、やがては、あらゆることを名辞化して言葉の秩序に囲い込むという文化の体制があたりを覆ってしまうことになるが……」

異論はない。風太郎忍法小説を、忍者の肉体への執着によって六〇年代文学と認定する全体の立論にも文句はない。

俺は別のことを言いたい。上野昂志が一行も書いていないことを、同病相憐れむという立場で、俺が受信したことを語ろう。

彼が風太郎忍法帖を肉体論の場として取り上げたのは、体力の黄昏時代に入ったわが同世代者たちの危機を告げたものだ。次のように言うことが重要なのである。第一に、わが世代の最良のものたちはことごとくパワー原理の信奉者たちである。その思想・表現は外国人（この場合、欧米人、中国人）に決して体力負けしていない。演劇と美術の例を上野昂志は出したから、ジャズでいこう。山下洋輔トリオは、身長で十センチ、体重で二十キロは上まわる欧州のミュージシャンをパワーで圧倒した。山下たちのパワーは黒人にも負けない。たまたまそうだったのではなく、かれらがパワーを絞り出す訓練のメソッドを持っていたということは、山下洋輔『風雲ジャズ帖』（音楽之友社、一九七五）に語られている。それがかれらの生き方なのである。

第二に、われわれの前には澁澤龍彦の壮麗なエロティシズムの体系があった。上野昂志が「肉体そのものが白日の下に浮上した一瞬」というのは、肉弾戦のことでなければならない。〈デモ―衝突―武装のはじまり〉の一時期、装甲車の腹の下をくぐった男たちに対応した肉体論は、バスティーユの独房の排水管から蜂起《ほうき》したパリ民衆に王朝転覆を檄したマルキ・ド・サド氏の、牢獄で紡ぎあげたエロティシズムの体系であった。

サド氏の思想が古典的なブルジョワ思想であることはとうの昔に承知している。しかしわれわれはサド氏と澁澤氏の思想の、一番いいところを一番いいときに、正しい身勝手さで継承したと思っている。その正しくも身勝手な継承の仕方とは、こいつも、あいつも、あの男も、エロティシズムを目的にせず、エロティシズムの向こうに世界革命を夢見ているということだ。世界革命における人間の肉体の変化ということを。風太郎忍法を論じて上野昂志が冒頭に、キリーロフの、ゴリラから神の撲滅、神の撲滅から地球と人類の物理的変化まで、という深夜の独白を引用している理由がそれだ。吐いちまいなよ、上野昂志、あんた、風太郎忍法帖を論じながら、まだ革命やる気でいるね。

ゴリラ――神の撲滅――人類の肉体的変容（ドストエフスキーの回答）

猿――人間――キチガイ（夢野久作の回答）

猿――人間――極真空手マン（平岡正明《マチャアキ》の回答）

補足までに一言。エロティシズムを目的にしないということについては、足立正生や唐十郎の作風を想起せよ。その作風は、志なきオマンコはせずにだ。われわれはもう中年だ。せめていやしいオマンコだけはしたくない。そういうのは、ポルノといい、軟派といい、スケコマシといい、留置場に入ると同房の連中から一番ばかにされる。自分のことを言われたと思う者は、クシャミして寝ちまえ。
　第三の特性はブレーキ系統なきパワー原理ということ。小型のシャーシに七リッター・エンジンを搭載して、偏愛とセクト性と攻撃性のガソリンをふんだんに燃やして走り出してから、しまった、この車にはブレーキをつけるのを忘れたと気づくありさまだ。だから止まる時には顔面制動をかけたり、グラウンドを飛び出して燃料がなくなるまで走りまわったり、他人にぶつけて止まったりして、自分でいろいろ工夫してみなければならなかった。制動装置を取り外す引き換えに手に入れたパワーであるから、したがってその肉体論は、
　ａ　局部異常発達
　ｂ　一般的訓練方法の欠如
という片チンバなものとなった。
　繊細性が民族的特質でもあるかのような《日本文化》の一時期に、パワーで舶来品を圧したような一群の表現が成立したことは奇観だと俺は思っている。そして、それが正しい。上野昂志の言いたかったことは、最強かつ瀕死《ひんし》の状態でやせがまんを続けてきた同世代最良の肉体主義者における体力の黄昏時代のおびえ、ということに違いない。このおびえは、容貌の衰えはじめた美女のおびえよりは激しい。殿方、目尻に小皺《こじわ》が目立ちますぞ。

そのような人々に告げる。大山倍達の門を叩きなさい。

極真空手をすすめる。自分がそれしか知らないから極真空手をすすめる、ということだけではなく、「ぶちこわしの」「破壊の」「邪拳」の極真空手をすすめる。

ある日狂ったようにランニングをはじめる男がいる。ある日狂ったように玄米食を食いはじめる男がいる。そういう人たちの気持ちが分かる。俺も庭に出て狂ったように空突き・空蹴りを繰り返した一日があるからだ。左右正拳で千回突く。左右蹴上げを百本ずつ、まわし蹴りを百本ずつ、合わせて四百本空を蹴る。千本突くと腕が重いなんてものじゃない。しまいの方には拳固の惰性で腕がもげそうになる。蹴りははじめのころは基本通りスムーズに出るが、乱れてきて、垂直に蹴上げた膝で額を打って自分をKOしそうになったり、足がもつれたりする。フォームなんて構わない。呼吸法も無視だ。ただひたすら蹴り、突く。考えていることは、敵をぶち殺すことである。この拳で敵を倒したい。倒すより殺したい。殺すなら、病院に担ぎ込まれて三日後に余病併発で死亡なんてのより、その場で殺したい。その場で殺すよりも、パンチが当たって、地に倒れ伏すまでのあいだの中空で絶息させたい。中空で殺すよりも、拳が胃袋をつき破り、背骨をへし折って拳頭が背中に抜けるくらい殴りたい。

邪念といえば、一心不乱の邪念、一度は一心不乱にそういうことをやった方がいいのだ。

考えるのはその後だ（突き千本、蹴り四百本、というのは、空手をはじめて間もない頃の個人的練習の限界で、道場ではあたりまえの数なのだ。その内容は後述）。

俺にはある日狂ったようにランニングをはじめる男の心理が分かる。その効果が分からず、また効果をはかる基準もわからぬままに断念し、ふたたび贅肉《ぜいにく》の生活に戻る過程も分かる。それは限界にぶつからないからだ。体力の限界にぶつかることとは、次のような心理過程をもって表現されるものである。――天狗の鼻がぶち折られること。限界の向こうに自分には未知の思想系が開けていること。限界なしには挑戦が生まれないこと。ところで空手はこのように教えてくれる。

一、丹田を鍛えること。

二、個々の筋力と全体の体力とは有機的に結びつけられていること。

三、東洋武術は東洋医学の体系およびヨガに発する呼吸法の体系に並行していること。

四、基本―攻防―秘技―基本の往還《フィードバック》が整備されていること。

この全体のなかで、それぞれのレベル（かんたんに言えば、上手・下手のレベル）における自分の限界が幾何学的正確さで教えられるのである。さて、具体的に述べるまえに、これまで述べた肉体論の文脈の上になぜ大山空手が注目されねばならないかを告げておこう。

七〇年代に入ってから俺の主要関心事は大陸に向いている。いささか電撃的に南進（『南方侵略論』アディン書房）したのち、過去一年半ほど満州国問題に取組み（『石原莞爾試論』白川書院）満州植民地支配およびその崩壊が戦後日本社会に落としている影の検討に入って、今年に入ってから、ジョージ川口、秋吉敏子、赤塚不二夫、大藪春彦、神彰、そして大山倍達といった人々の戦後の活動を再検討している。集中的に行った。これらの人々はみな満州体験をもっている。書誌を掲げておこう。

ジョージ川口——「戦後日本ジャズ史」連載4、『ジャズランド』一九七五年十一月号
秋吉敏子——「戦後日本ジャズ史」連載5、『ジャズランド』一九七五年十二月号
赤塚不二夫——「父と子のブルース」、『大阪市立大学新聞』一九七六年一月号
大藪春彦——「大藪春彦の世界」、別冊『新評』一九七六年四月号
神彰——『スラップスティック快人伝』（白川書院）一九七八年五月
大山倍達——「石原莞爾と若き日の大山倍達」、「石原莞爾試論」12、『第三文明』一九七六年一月号

このうち大山倍達と極真空手は、肉体論が姿をあらわした六〇年代にもまだ日本では浮上しなかった。まだ潜水を続けていた。本部道場は池袋にあるが、大山空手の主戦場は海外に

あった。大山空手は満州ではじまり、日本敗戦期および戦後闇市の一時期をかすめてアメリカに飛び、さらに欧州に転戦し、ついでタイ式ボクシングとの対戦を中心にアジアの諸格闘技と対戦して、外側から、本国を押し包んできている。俺はこのルートの取り方だけでも大山空手は大乗空手だと思っている。大山倍達の戦歴は、日本の敗戦を契機に、一方で西洋系格闘技との実戦を通じ、他方で東洋系格闘技の再吟味を通じ、洋の東西にわたる格闘技の再集成を行ったのだということを物語っている。第二次世界大戦なしには大山空手は生まれなかった。第二次大戦の敗戦という国民的体験を空手という一点で捉え、東洋武術というものの家元制度的、秘教的な外枠が解体したのち、なおかつ東洋武術の技と思想が西洋的なものの前にはまったく反古《ほご》と化してしまうのかと疑い、実戦を通じて確めていった大山倍達という武道家がいなかったなら、空手はオリエント・ダンスの一種として残っただけかもしれなかった。だから大山倍達は武道のスポーツへの解消を決して認めない。歴史における個人の役割というのはあるのだ。

そのような大山倍達は、欧米人の弟子たちから「ゴッドハンド」と言われるようになってからも久しく、日本の空手界からは狂人と言われ続けたのである。この大山空手の人気が高くなったのは、梶原一騎『空手バカ一代』、ブルース・リー映画の流行、われわれの親しい世界では南郷継正氏の『武道の復権』（三一書房、一九七五）などの後からで、日本では七〇年代に入ってからやっとその途方もなく大きな姿が海面にあらわれてきた。しかしそれはまだ巨鯨の背中があらわれただけなのだ。したがって、飛び乗るチャンスは今だ。体力の黄昏時代に入ったわが肉体主義者たちよ、肉体論が変わって肉体が変わるなんてことは出来やしない。肉体が変わって肉体論が書けるのだ。飛び乗れ。

さて、以下は俺の肉体の告白。精神、糞喰らえ。ゴリラから神の撲滅へ、神の撲滅から、なろうことならゴリラの昔に戻りたい。三十代半ばにしてはじめて知る格闘技の世界はあまりに未知であり、俺は稽古のたびに思い悩み、時にはノートさえとって、自己点検した。すべて自分の経験にもとづいて書く。一番弱い奴の書くものだから、どんな空手指導書にもない内容となろう。

丹田とは、抽象的な場所ではなく、下腹部の筋肉層である。ここがなまっている者は、胃腸病、神経病を起こす。したがってその言動に信頼を置くことが出来ない。空手にあっては、力は丹田から全身に放射し、また丹田に還る。喧嘩を売られたら、丹田に力を入れ、肩の力を抜け。その方がスムーズに身体が動く。丹田は実体的なものだから、訓練して強化できる。腹筋、逆腹筋（仰向けに寝て膝を曲げずに足を持ち上げ、下ろす）、逆立ちなどだ。

腹筋を二十回、一カ月続ければかならず腹の脂肪は取れる。一週間やれば便秘に効果大。しかし腹筋だけ一カ月やれはしない。つまらないからだ。

同様に、個々の筋力の鍛え方については体育の教科書を買ってくればすぐ分かるし、やれば間違いなく効果があるが、一週間もすればつまらなくなってやめてしまう。部分ではだめなのである。それ自体総合的な運動であるランニングや水泳の方がおもしろい。

空手の場合は全体がユニットであるからおもしろいのだ。この訓練はこの技を出すためのものと説明され、じっさいに、殴り合い、蹴り合うからおもしろいのだ。闘争本能の満足はそれ自体が価値の一実現である。格闘技におけるロマンとは、肉体行使をもって活劇的世界に出る以前に、一つの技を決め、使いこなせるようになる達成の瞬間のよろこびにある、という先輩の言を自分なりに分かるようになった。

故障の場合は別として、蹴りだけバカ強くてパンチは全然だめとか、その逆とか、攻めが強くて受けがまるでだめとか、その逆とかいったことはあり得ない。蹴りが上手になればパンチも上達し、その逆もそうだ。そのなかで、左利きとか、右利きとか、得意技とかが生まれてくるのである。空手の基本稽古は全部やらなければならない。

喧嘩自慢の男が護身術からの変形の一、二手を覚えて威力を吹聴《ふいちょう》しているのを聴くのはききぐるしい。そんなもので格闘技の正式の稽古を積んだ者に突っかかっていったら、怒りを買って半殺しの目に遭うのがおちだ。全身の動的バランスがとれ、ついには全身が武器と化すのが空手の威力なのである。

全身が凶器と化す、ということは、人体の急所全部を攻撃対象にするということとパラレルなのであって、修辞や、神秘的なことがらではない。漢方、ことにハリ、キュウから発展した人体の急所が百数カ所あり、それに対応する攻撃方法が備わっているのである。急所とそれへの攻撃についてはは大論文を書かねばならないが、一つだけ、用語についても一般に知られている人体名称にもとづいて私見を述べてみよう。

頭のテッペンからチンポコにいたる線に急所が集中している。この線を中心にして人体は左右対称だ。頂門《ちょうもん》、眉間《みけん》、人中《じんちゅう》（鼻の下で、ここを正拳ないし一本拳で叩かれると死亡率は五十パーセントと言われる）、チン、喉仏《のどぼとけ》、みぞおち、キンタマが急所だということは常識的にも分かる。そしてそれへの攻撃も、たとえば頂門には、頭つきを食らわせてもいいし、肘を打ち下ろしてもいいし、鉄槌《てっつい》（拳固を握った小指側の掌）を打ち下ろしてもいい、ようするに重い鈍器様の攻撃をしかければいいということも常識的に理解できる。空手ではそういうことが体系化されており、訓練方法があり、じっさいに訓練するのである。

人体の中心線に関して興味深いことが二つある。一つは中心線から左右対称の人体における右利き、左利きということである。ボクシングや野球にスイッチヒッターがいるが、空手では左右スイッチはあたりまえのことである。これも常識で納得できる。空手では手と同じように足技を重視するが、蹴ってみたまえ、前方の足で蹴っても大して威力はない。振り子の原理からしても、後方の足を蹴り出して威力が出る（注1）。攻撃の終った時が敵の攻撃を受ける時である。蹴り出した足は重心の移動と防御とにすぐかからねばならない。当然そこで構えがスイッチするのだ。蹴りを使えばその方が自然だ。むろん得手、不得手の構えはあるのだが、ボクシング流のサウスポーとか右利きといった概念があると、左右自在に攻撃するのみか、横からも、クルリと後ろ向いてからも後ろ蹴りでくる相手に対して混乱におちいる。空手の動きの基本は円だなということが分かる。なんで自分はやられたのだろう、と考えてつめていくと、答えが出てくるのだ。つまり、合理的なのだ。

いま一つ興味深いことは、人体の中心線に丹田と金的が隣り合っていることだ。空手の原動力であり、つねに鍛錬され続けている丹田のすぐ下に、それ自体は鍛えようがなく、防御能力をもたない男子の急所がある。さすがの極真空手にもマラ立て伏せはない。

したがって金的蹴りは有効な武器である。試合や練習ではもちろん禁じ手だが、金的蹴りは基本稽古の一つである。金的蹴りの《論理》を素描しよう。キンタマというものはじつに蹴りやすく出来ている。人間は足で移動するものであり、移動する時に股がひろがる。高さも手頃だしこちらの足もスムーズに出る。そして蹴るつもりはなくても、股をガイド溝にして、ストンと入ってしまうことがある（注2）。次に金的蹴りの心理。蹴った方も蹴られた方も全然感動しない技である。悲愴美なんて全然ない。双方、アッと言ってたちまち中断する。シラケる技だ。蹴られた方はバカバカしくなって、その日の稽古が空しい。これは一番精神にくる技ではなかろうか。

次に金的蹴りの極意を述べよう。

精神的極意は、遠慮しないことにつきる（喧嘩なんかの場合に）。

技術的極意は、竿を蹴るのではなく、タマを蹴りつぶすこと。

秘術がそれ自体独立して存在することはない。一撃必殺の攻めがあるから、必死の守りが生まれる。強力な攻めがなければ守りも発達しないのだ。効かないものなら放っておけばいいのだから。鉄壁の守りがあるから、さらにそれを突き崩す攻めが工夫される。そのように、攻—防—攻—防のうちに、空手の技が豊富になり、体系化していくのだ。秘技はそのようにして生まれ、秘技の訓練法とともに基本に戻るのである。

以上が道場での稽古時間六十時間強（少ないが、家が遠くて週一回しか通えないというハンデがあって）、極真空手最弱グループの一人というレベルにおける考察である。

もっと具体的に言おう。

自分が出ているのは水曜日夕刻七時—九時の部。壮年部・婦人部の稽古は日、水、金の三回あるのだが、週一回しか通えないとなると、大道場が使えて組手の稽古の出来る水曜の稽古に顔を出すようにつとめている。いつも顔を出す人数は壮年部・婦人部あわせて三十人から四十人（注3）。指導員は三人、山下先生、若宮指導員、南里指導員。極真の指導員のすばらしさは知る人ぞ知る。稽古は次のブロックに分かたれる。

一、礼
二、準備体操
三、基本稽古
四、追い突き・追い蹴り
五、約束組手ないし型
六、組手
七、柔軟体操

八、礼

一―三までは全員一緒である。追い突きに入るところで、初心者は山下先生と小道場に行って、基本を教えられる。上級者および基本を修了したものが組手を終えたころ、初心者が合流して七―八を全員一緒。

準備体操は、足の爪先、アキレス腱、ひざ、股関節、腰、背筋、首、呼吸、腕、手の指、と下から順に筋を伸ばしていくもので、うまく考えられているものだが、内容は略す。三の基本稽古はさらに次の五ブロックに下位区分される。

a　正拳による攻撃――三戦《さんちん》立ちによるもの。騎馬立ちによるもの。
b　手刀による攻撃
c　手による受け
d　足技
e　呼吸と円型逆突き

すべての技は左右二十本ずつで一単位である。aからb、bからcと変わるごとに、呼吸が入る。息吹き（カーッと息を吐きだすもの）、遁《のが》れの呼吸・表と裏で、すべての技に、一本一本、「セイ、セイ」と気合を入れて、この気合が独特の呼吸法となっている。この位置づけられた呼吸が大切なのであって、基本稽古中、一度の休みもない。手技から足技に移るにあたって、膝の屈伸、フットワークがつけ加わる。具体的な内容はこうだ。（　）内は近似的説明。

a　正拳による攻撃。正拳中段（ボディパンチ）―正拳上段（顔面パンチ）―裏拳顔面打ち（ジャブみたいなもの）―裏拳左右打ち―裏拳脾臓《ひぞう》打ち―まわし打ち（不意打ちに用いるが、空手流のフックである）―正拳あご打ち（ワンツーストレート）。以上は三戦立ちで行い、騎馬立ちに移って、裏拳下打ち（アッパー）―肘打ち―肘打ち下ろし。三戦立ちと騎馬立ちの二つの立ち方で行うのは、前者は中国拳法南派、後者は北派の伝統を総合するものと思う。三戦立ちはウチ股、騎馬立ちはガニ股、ひどい説明だが。

b　手刀による攻撃。手刀顔面打ち（こめかみを打つ）―手刀鎖骨打ち（空手チョップ）―手刀内打ち（逆水平チョップ）―手刀脾臓打ち―手刀鎖骨打ちこみ（まっすぐ突き出す）

c　手による受け。上段受け―外受け―内受け（ピンポンのバックハンド風に）―下段払い―内受け下段払い―狐拳受け（これは受けよりも呼吸法のようだ）。受けは正拳を握って行う。開手《ひらきて》で受けを行うと、初心者の場合、手を怪我したり、相手を摑むくせがつくからだろう。

d　足技。前蹴上げ―内まわし受け―外まわし受け―膝蹴り―金的蹴り―前蹴り―（前後の者にぶつからないように四十五度斜を向いて）横蹴上げ―横蹴り―関節蹴り―後ろ蹴り―まわし蹴り。前蹴り系統と後ろ蹴りの系統に二分され、それぞれの系統が、いずれも蹴上げというもっとも足を高く上げる技にはじまり、高低のリズムを持って組まれていることが分かる。現代空手の主戦武器たるまわし蹴りが一番最後にくる。キックボクシングの影響もあるのだろう。五百本蹴りとか千本蹴りという蹴り技強化のための練習は、通常、まわし蹴りで行う。慣れかもしれないが、人体の動的バランスのうえからは前蹴りよりは遠心力を伴うまわし蹴りのほうが自然な気がする。極真空手のまわし蹴りの威力はすさまじいものがある。

e　円型逆突き。基本の最後になぜこれがくるのか最近まで分からなかった。これは体を百八十度反転させながら行ういかにも空手らしい技だ。後方に一直線に蹴り出す後ろ蹴りは、左右交互に出し、ちょうど水泳のクロールの呼吸のように顔を上げて後方の敵を見るために、体が左右にねじれる。まわし蹴りも軸足が九十度回転する。そしてこの二つの蹴りはむずかしい技なのだ。身体が泳いだり、重心がフラつき気味になる。それをバランス感覚を養う円型逆突きでピタリとおさえるのだ。そして蹴りで乱れた呼吸を、リズミカルで、両手を大きく円型に振るために実に呼吸が楽になるこの技でおさえて、基本稽古を終る。

基本稽古に四十分から四十五分かかる。その間、全身を動かしっぱなしだ。基本稽古だけで手技は約八百出し、蹴りは約四百五十出す。さきに道場では突きの千回、蹴りの四百回くらいはあたりまえといったのはこのことである。

これと、新聞発表の三十代後半の男子体力測定とを比べられたい。目をつむって片足で一分立つのもつらいという人からすれば、まるで超人的にうつるだろう。しかしだれにでもやれば出来る。げんに、俺が出来ている。

今まであまり他人に言わなかったことだが、入門当初、俺は右膝にひどい故障があって、四年間ほど、走るにも困難という状態だったのだ。テック闘争（渋谷に本社のあった語学産業の組合闘争）における飛び蹴りの失敗が原因だ。三年連続入院した。旅がこわかった。ストリート・ファイトも遠慮した。案外敵が多いもんでね。ハハ、言っちゃった。今なら、下手にからんできたやつには極真拳をぶち込んでやる。

七〇年代に入ってからの俺の仕事量はかなりのものである。討論、オルグ、小さな肉弾戦、読書、交遊、打ち合わせ、断食ストライキ、執筆、勝負ということを連続徹夜してやって、結構ぶっ壊れもせず、そういうことをやらせて俺についてこられるやつは少ないというのは体力がある証拠だが、体力、気力ともあまりにも負担をかけすぎた。膝をかばうためにバランスが崩れ、ひどい疲労が蓄積されていた。この疲労は空手をはじめて三カ月間、取り去ることが出来なかった。二カ月目の終り、胸からヌルヌルの、黄色い、なめてみると耳糞のようににがい脂汗状のものがでて、体力は回復した。

俺は非力なくせに、昔から乱暴なところがあって、空中戦が得意だった。高いところに登って、やってくる敵に組みついて一緒に落ち、やっつけるなんてまねもした。そして俺の思想もまたフットワークを軸に成り立っている。それが、足を使えなくなった悲しみというのは他人には分からないだろうし、また愚痴っぽく言うべきでもない。体力の黄昏ということを俺が一番よく分かっていたのかもしれないさ。ある日、キチガイみたいに空を突き、空を蹴ったのは、まわし蹴りの稽古をして右膝を連続四回はずしかけ、憤怒に駆られたということもある。左まわし蹴りを放つとき、軸足の右があぶない。しかし、逆療法に近い無茶をやり、正しい蹴りのフォームを身につけて、足の腱や筋肉が強化され、ほとんど治っているのではないかと最近は思う。日常生活に支障なしだ。プールのへりでやったのだ。蹴り足の返しと軸足を正確に置かないと水に落ちてしまう。

それでも空手をやれた。道場に通わねば無理だろう。自宅で稽古しても、基本稽古をちゃんと一人でやり通せるかどうか自信はない。指導員に従って一本一本気合を入れ、教えられた通りに呼吸しないとだめなのだ。一人でやるとリズムが乱れ、呼吸法も忘れてヘバってしまう。今、基本稽古についてだけ触れたが、空手の稽古法というものが、いかに全身を使い、合理的に体系化されているかがお分かりいただけたと思う。このシステムがあり、道場の真剣な雰囲気のなかで、指導員について正規の稽古を受ければ、得るものは計り知れない。組手についても自分なりの意見があるが、次の機会にしよう。わが師大山倍達が、あなたにとっても師となりますように。

注

（1）これは初心者のレベルである。猫足立ち（重心を後足に置いて、前に出した足はほんのわずか爪先が床につく程度の立ち方）から、前に出した方の足を使って相手を倒せるような訓練は、それからするのだ。山崎照朝『無心の心』（スポーツライフ社）に、前に出した足の実戦的な使い方と訓練法の詳しいドキュメントがある。

（2）効く、ということは前に崩れ落ちることである。ふっ飛ばされるとか、ポーンと後ろに飛ばされることは力で動かされたことで、立ち直って試合続行できる。効く、というのは二段なので、グンと冷たい痛さを感じ、こらえようとしてグーンと身体が丸まるような衝撃が来て、げんに身体が丸まって、頭の重さを膝が支え切れなくなり、前へ落ちる。ところがキンテキをやられると三段に来るのだ。身体が丸まって前へ倒れて、倒れてから寒くなるような三段目が来て、転げまわることになる。キンタマ自体に防御力がつくことはないが、何度か痛い目にあっているうちに、結構耐えられる（我慢ができる）ようになるものだ。もろにタマに当てさせないようになるからだろう。

（3）南里指導員になってから壮年部と女子部は別れて稽古するようになった。壮年部でも自由相手が重視されるようになったからである。女子と一年ほど合同で稽古したために、いくつか女の特性というものが分かったのは俺にはいい機会だった。身体の柔軟さは、四十歳の男とハイティーンの女子では比較してもはじまらないが、仮に同年代の男と女を比べてみると一般に次のようには言えそうだ。

第一に、実戦においては女子のパンチ力は極端に劣る。女子の初段クラスは瓦十枚を平気で割って、試し割りでは男子を驚かせるようなことはやるが、実戦では効かない。相打ち覚悟で相手を倒す、といった攻撃性が女子には乏しいからである。要するに女は人を殴るのは苦手なのだ。

第二にカウンターを取れない。攻撃されると受け一方にまわってしまうのだ。そしておそらく、本気で当てたことがないから断定は出来ないが、女は打撃されることに男よりずっと弱いように思う。

第三に女子は蹴りが上手い。柔軟性があって、基本に忠実なのである。無茶振りをしないからである。

第四に、瞬発力は弱いが、持久力は男に倍するのではないだろうか。千本蹴りだとか、移動稽古の執拗な繰り返しで、女子がペースを乱さず、ヘタばらないのには驚く。

以上のことから女を殴ったり口説いたりするには、先手あるのみ、攻めて攻めて攻めまくればいいと思うが、いかが?

大山館長を筆頭に波打ち際で蹴りの練習に励む（1965年８月合宿）

第三章

極真空手的当世健康論批判

第三章　極真空手的当世健康論批判

書店を覗いて、これほどだとは思わなかった。家庭医学の棚は健康書だらけじゃないか。ヨガ、断食、指圧、瞑想法、自己暗示、乾布マサツ、催眠健康法、ランニング、クコや紅茶キノコ・ニンニク・梅干・鮫エキスといった《特効薬》の本、スタミナ増強法、タバコのやめかた、便秘の直し方、痔治療法といったあたりから個々の病気の対策にうつりはじめ、胃病、神経失調、腎臓、ガン・コーナーとうつり、やがてセックス医学の裾野と接して他の実用書コーナーに消えていく。沖ヨガのような定評のあるものから――沖ヨガについては、『韓日放浪四十年』の著者、禅僧釈弘元氏の記述からずいぶん教えられた――、ガマの油の効能書みたいなインチキ臭いものまで、玉石混淆《ぎょくせきこんこう》である。この健康書ブームを見て思ったことは、日本人は病気だな、と言うことである。

健康書は大山倍達と毛沢東がいい。

毛沢東は処女論文「体育之研究」であり、この著と野口体操の提唱者、野口三千三氏の『からだに貞《き》く』（柏樹社、一九七七）を読み比べて、東洋的身体論について、何ごとかがつかめたつもりだが、この方面では俺よりも津村喬の発言がいい。津村喬「東洋体育道とは何か」（別冊宝島3『BODYの本』一九七六年十一月）である。

毛沢東と大山倍達がなぜいいかと言えば、書いた男がやった男だからである。健康書ハウ・トゥーもののなかには、自分でやらないで書いた本が多いみたいだ。

大山倍達先生は「空手健康法」という連載を『パワー空手』という雑誌に続けている。臥龍人というペンネームである。健康を自己目的とすべきではなく、武道修行の当然の結果として健康になるのが本義であるという立場であるから、乞われて健康法としての空手という本意ならざる側面を論じるのを恥じて、ペンネームを用いたものと思う。

『パワー空手』は専門誌で一般読者の目に触れにくいので、連載第一回目の序文にあたる箇所を引用して紹介しておきたい。

健康が問題にされる時代はいい加減な時代である、と大山倍達は言う。

健康が云々されること、それは「絶体絶命の危機が少なくなったのだとも言いうる。戦争もなく、天災による被害も少なく、病気もほとんどのものが治りやすくなってきた」

では、自分なりの現状認識を述べよう。

平均寿命七十二・六歳、郵便貯金四十三兆円で金融部門では第二位のニューヨーク銀行の十七兆円をだんぜん引き離して世界一――これが今年（一九七八年）の日本である。平均寿命七十二・六歳、日本は世界一の長寿国になったと総理府が発表したところ、国連がすかさず、それは古いデータにもとづいたもので、最近のデータでは依然として北欧が世界一と訂正を要求してきたことがあったが（これが黄禍論的発想にもとづいたものならおもしろいが）、日本が世界有数の長寿国になったのは事実である。保健書（本屋のコーナーでは「健康書」）が出まわっているから長寿になったのではない。逆だ。寿命だけ延びたから健康書が町にあふれている。

健康書の氾濫は不安が増大している証拠である。郵貯額世界一という数字も、ただちに庶民が豊かになったということではなく、税金逃れに資産家が小口に分けて郵便貯金をしているからだが、そのことを差し引いても、日本が豊かだという事実は消せない。条件を差し引くということでは寿命についても同様であって、老人たちは明治生まれの頑健な人々であること、幼児死亡率の低減、医療制度の普及、和洋折衷食の効用と理由が説明されており、それらの理由を考察しても全体として、医療制度に欠陥がございましても、工業化で空気が汚れておりましょうとも、戦後日本の政策の大綱は正しうございますと政府に言わせる根拠になることは変わりがない。日本人は長寿で金持ちである。幸福ではないか！　これを東洋各国の人々はどう見るか？

紅茶キノコブームのおり、中国人コックは嘲笑した。私たちには伝統的食生活がありますから、それで満足でございます。

ニンニク健康食ブームのおり、韓国人コックは嘲笑した。ニンニクの効用はよく存じております。しかしニンニクだけでは偏向で、朝鮮料理はバランスのとれた食事ですから、それが一番でございます。

いずれの料理人も、バカな日本人め、とは言わなかったが、一つことがいいとなると一斉に走りだす日本人の集団心理を、かれらがどのような目で見ていたかを示すカロリー豊かな見識であった。キノコの時はキノコが万能、梅干の時は梅干が万能という風潮はうそ寒いものがある。そのうそ寒さの根拠は、ニューヨークの自然食主義者の化石した生活を描いた豊浦志朗「かぐや姫の逃亡地帯」（『硬派と宿命』世代群評社、一九七五）を読むと分かる。

すなわち、偽善！　肉を飽食したあげくの草食主義と、肉が食いたくても食えない飢餓の民衆は違う。したがって、アフリカ、東洋の民衆は、肉を食ってスタミナをつけて、帝国主義をぶっ倒すべきである。豊浦志朗や俺の理解ではそうなるが、キノコがいいとなればキノコ万能に走りかねない日本人の習性に、味噌と玄米さえあれば皇軍は十分に精強を保てるとした戦前の植民地医学を朝鮮人や中国人は連想したはずだ。梅干ファシズムめ！

戦前・戦中の植民地医学
戦後の健康書

この二つは病理ではないのか。植民地医学というのは、「ミクロネシア人の発汗の研究」とか、「厳寒地におけるロシア人の適応」とか、「朝鮮独特の犯罪・本夫殺しの法医学的研究」といったもので、山のようなデータと糞リアリズムの向こうに、熱帯や寒帯で日本人植民者はどう生活し、どう統治すべきかというテーマが浮かび上がってくる。こういう文献は『犯罪学雑誌』や医科大学の図書館に行けば読める。

他の機会にも述べたことだが、これは大事なことなので繰り返そう。たとえば、植民地医学の一つに、昭和十一年の、内田長平「台湾における特殊犯罪ノ法医学的考察」（『台北医専法医学雑誌』）というものがある。これはアキレス腱斬《ぎ》り、拳法による脾臓破裂の臨床所見などがごってりと、つまりむごたらしく載っていて、武術家にとっても興味深い論文である。三年殺し、五年殺しという秘術が中国拳法や空手に実在すると伝えられているが、それは南支および台湾の風土病たるマラリアによる脾臓肥大に原因があり、春の水争い（我田引水の争いである）のおり脾臓を攻撃されたものが秋に死ぬということだ、と言ったところか——。

アキレス腱斬りというのは、錐刀《すいとう》で相手のアキレス腱を狙う喧嘩術で、これは、正面から堂々と打ち据える日本人に比して、台湾人が卑怯な証拠であるなどとこの医者は言ったりする。しかしこの戦法は少林寺拳法の一つ、猿猴拳《えんこうけん》の技で、義和団の乱のおり、銃剣で武装したドイツ兵に対して用いられたものである。

すなわち、植民地医学に多用される「特殊犯罪」「特殊現象」等の〈特殊〉という語は、相手社会と文化に対する占領者の不安の表明であり、不安は、ただちに治安的発想につながる。げんに台湾では、この法医学論文が発表された年に、拳法が型だけ残すことを許され、演武が禁止された。昭和十一年は二・二六事件の年である。

兵器が戦争で進歩するように、医学も戦争で進歩する。ふんだんな人体実験をやるからだ。俺には、植民地、占領地でふんだんに人体実験を行ってデータを蓄えてきた日本の植民地医学と、現下の健康書流行のあいだに裏腹の関係があるように思える。もっと具体的な言い方をすれば、戦前の植民地医学の研究者・実務者の何人かが、戦後の健康屋に流れ込んでいるような気がする。「死にゃいい」から「生きてさえいればいい」への転換。

世界有数の長寿と貯金を持つ日本人

三十年前、あれだけ殺し、殺された日本人

この二つの対比は気味が悪く、アジア・太平洋地域の民衆の目からすれば、海上の日本の繁栄は、バビロンの繁栄のようにうつるはずだ。この繁栄が、健康書・健康術・健康論の根拠である。それは現世を幸福と感じるものが、その幸福の長さを願う本能であり、かつ幸福のあやふやさを予知している不安であり、したがって瀕死の状態である。大山先生の引用に戻る。

「江戸時代には、正徳三年―一七一三年―に貝原益軒が『養生訓』を著わしており、これが日本での健康学のはじまりであると言ってよいであろう。もっとも、古来から存在する各宗教は、その修行体系のうちに、健康によいと思われる修行法を必ず含んでいる。今日流行している《健康法》の類を求めようとする場合、古い時代の人々はみな宗教に入り、宗教修行によって心身の不安を取り去ろうとしたのである。

たとえば、お経を唱えることは息の長い腹式呼吸を続けることであって、健康によいし、巡礼行脚も、現代風に言えばエアロビクス運動―歩く健康法―であったと言って言えないこともない。また菜食法、自然療法、断食法などの食餌健康法も、ことごとく宗教の修行体系のうちに入っている。

貝原益軒が『養生訓』を著わした一八世紀初頭は、元禄時代の華やかさも終り、と言ってことに世も乱れていない、ぼんやりとした時代であった。一七〇二年に大石内蔵介に率いられた赤穂浪士が、吉良上野介を討ち取ったことくらいだった。

家康が江戸に幕府を開いて以来、大阪夏の陣や島原の乱―一六三七年―を除いては、戦乱というものがほとんどなく、治安が保たれ続けたのである。

また、江戸時代には、各宗教も原始的な激しさを失っており、法然、親鸞、日蓮のような宗教改革者も出現しなかったから、宗教界も現状維持の姿勢をとり、武道修行なども、戦乱の時代に比べれば、至極温和で形式的なものになっていた。この時代には、百姓が武術を習得して、侍になるということはありえなかった。

こうした時代背景に、『養生訓』が生まれてきた事情は、現代に各種健康法が流行している状況とよく似ている。つまり、宗教に緊張がなく、大きな希望もない時代に、健康法というものは流行するのである。

私は、空手健康法を述べる前に、まずこのことを読者のみなさんに認識していただきたいと思う。私たちが『健康』ということをこんなに気にかけているのは、ぼんやりした時代のせいであるということだ」(「空手健康法」連載1、『パワー空手』)

ごらんのように武道家は各種健康法の流行を苦々しく思っているのである。以下本文に入って、武術をやることの健康への寄与が述べられ、方法が語られ、その内容は一般読者には一見《超人健康法》に見えるかもしれないが、大山先生の述べるこの「空手健康法」こそが実証と実効をもつ最上のものである。すべて極真空手によって証明されていることばかりだからである。この連載は一般読書子の目に触れにくいものなので、興味ある方は『わが空手革命』(講談社、一九七八)を読まれるとよい。求道を目的とした菜食主義者の武道家としての失敗例など、本当のことが書かれている。具体的な目標を追うのではなしに道そのものを抽象的に追うと失敗し、ほんらい雑食動物である人間が無理な菜食を自分に強制した結果、気力と体力にどう影響が出たか、ということが具体的に分かる。

私見によれば、流行する健康論には二つの根本的欠陥がある。第一に、健康を自己目的にしていること、第二に「やる」という構造がないことである。つづめていえば、哲学がない。健康法自体は、数行で書ける。書いてみよう。不規則な生活を排し、深酒を慎み、たばこをやめ、過淫せず、バランスのとれた食事をし、体操をやり、くよくよ考えない。それだけだが、それをやるのが大変なので、それをやり抜くのが武人であり、格闘家である。

健康を目的にするのは、ぼんやりした時代であること――まさにその通りで、健康は何かことを行うために必要なのであり、ことを行う過程で、あるいはその結果、付随して健康になる。そしていかなる健康法の卓説も、やらなければ何の効き目もないことだ。

腹筋運動は効果のある運動だ。ベンチなり棒なりに足首を固定しておいてやるか、キックボクシングのよくやっている鍛え方だが、頭の後に手を組み、腹筋で上体を起こすと同時に、片膝を曲げて、その膝で肘を打つ。どちらの方法でも、これを一日三十回やれば、三日で便秘が治り、十日で腹が引っ込みはじめ、女性には美容にいい。しかしこの運動だけを一カ月続けることは出来ないだろう。飽きてしまうのだ。なぜこんなことをやるか分からなくなってしまうのだ。女性の美容、これは立派な目的であり、自立した目的であるから続けられるが、便秘は治ってしまえば腹筋運動を忘れる。腹筋運動の効果は、丹田の強化にあって、その効用は、声に落ち着きと張りがでてきて、情緒が安定し、霊肉二元論を超克《ちょうこく》する身体論すなわち東洋の知恵の入門篇である、ということが理屈で分かっていても、それだけでは毎日腹筋運動はやれるものではない。つまらなくなるからである。

対戦して、腹を叩かれてこたえた、腹筋を強化して、少々の攻撃なら跳ね返してやる。これなら黙々とやれるのである。そのときすでに腹筋運動は空手という全体性のなかに有機的に組み込まれている。武道ないしスポーツは全体的なものだから楽しく、また深みがあるので、これなしに個々の補助運動など退屈でやれはしない。この全体性のない健康法は、綿密になればなるほど、あれを抜かした、あの手順を忘れたと気になって、かえって病気になるだけだ。人体の自律性が、健康法の手順とプログラムに付属してしまうこと、これでは逆だ。空手で補助運動と言われているものは、腕立て伏せ、腹筋、背筋、ヒンズースクワット、その場飛び、股割り（柔軟体操）、逆立ち、器具を使って重量挙げ、縄飛び等であるが、空手の全体性なしにとてもこれだけではやれないし、むしろ苦痛になるだけだ。空手の全体性（端的に言えば戦うこと）があるために、道場を離れて、日常、家庭で行っているこれらの力のいる運動は、弛緩《しかん》したいという欲求と同程度に人間が本来持っている自分を絞ってみたいという欲求を満たし、限界の向こうに新境地があるという確信を強め、自分が強くなることを確認させてくれる。

次に、体力と気力の問題に私見を述べたい。これは俺には深刻な問題で、仕事柄、俺は意識的に自分を病理に追いこむ必要もたまにある。この問題では、チャーリー・パーカーと大山倍達が指針である。

パーカーはやりまくって死んだ男である。三十四歳で死んだ時、医者の所見では、五十代の男と言われた。彼は人種偏見に挑戦して白人女と情事を重ね、収入の大半を麻薬と薬品にさき、最高の即興演奏を残して死んだ。もちろんこれはライフ・スタイルなんてものではない。第二次大戦を境に自己を主張しはじめたアメリカ黒人のルンペン・プロレタリアートの精華なのである。パップは黒人ルンペン・プロレタリアートのジャズ革命である。

これを健康論の立場から見れば、パーカーは身体に悪いことばかりをしていたのである。パーカーのような生き方は、俺には理想のもう一つの極である。これと空手修行が両立できるかは悩みなのだ。俺はジャズマンの死亡率は、レーシング・ドライバーに匹敵することを指摘し、ジャズは格闘技よりはるかに危険な職業であることを指摘して、空手雑誌に発表した。パーカーはこんなに健康によくないことをやったのだ、と。道場生の一人がゲラゲラ笑って、あんたも変な男だと言った。融通の利かない道場だったら破門だろう。さて、今年の一月と二月、俺にはチャーリー・パーカー的やり方と、大山倍達的やり方に同時に挑戦する機会がやってきたのである。

二月に昇級試験がある。黒帯を目指していた。この時期、極真空手の壮年部は猛稽古が続き、五週連続の千本蹴りをやって、内弟子たちから《恐怖の壮年部》と冷やかされもした。からかい七分、真実三分の言と思う。この成果があって、審査の基本技と移動稽古の部では、大山館長から全員が「上手い」とほめられた。うれしかった。

この時期、第二期ディスク・ジョッキーの機会が訪れた。知力も全開すると決めた。「全開」というと、ふだんはサボっているようだが、ようするに無茶をやるということである。この時期の日誌はこうである。水曜日に武俠《ぶきょう》小説の〆切がくる。仕上げて道場前で一週間分を渡す。半徹夜のことが多い。仮眠を取って稽古。汗が出尽くすまでがつらい。千本蹴りの場合は四百本を越えたあたりが一番つらく、七百本を越えたあたりで半分失神してしまうのがコツだ。みんなもそうらしい。移動稽古を済ませたのち、組手で十五人ほどと戦って稽古を終える。無念無想に近いのかな、と思ったことがある。酸欠状態での半気絶であり、雑念ゼロ。本能とそれまでの技術的蓄積が戦う。本能で戦うから強くなるのだろう。

稽古後、四谷の「ホワイト」という酒場で朝までディスク・ジョッキーをやった。最低が六時間である。これを十三週間やった。十三回にわたって言いたいことを吐きだした。

一九七六年の連続ディスク・ジョッキーは一回が三、四時間だった（この記録が『一番電車まで』）。そのとき俺は五級だった。今回は、茶色から黒帯に挑戦する者の体力を賭けたのだ。その記録は十月に本になる（『クロスオーバー音楽塾』講談社、一九七八）。前の記録よりいい。

三十代の半ばを越えてはじめた空手だから、輝かしい対戦の記録を残すことは出来ない。しかし、武勇伝を残すことは出来なくとも、俺は黒帯に進む男の戦績は残しておきたかった。自分のフィールドで限界に挑むよりない。これが、あの男が黒帯を目指してやった仕事だと言えるものを一つ残して、一石となしたい。

一月と二月、俺はパーカー的な方向と大山倍達的な方向に同時に挑戦して充実していて、すこしは輝いており、満足して眠った。

この時期が俺の生涯最強の時期だったのではないかと思う。二十代の体力の黄金時代はとうに過ぎていたのだが、武術をやっていなかったので、喧嘩も大して強くはなかった。

黒帯を目指す稽古と仕事を、どちらもとことんやったという点で、この時期を誇らしく思う。これがピークである。

しかし、ドン底が引き続く。ディスク・ジョッキーの記録の出版を申し出てくれる人がいて、意気が合い、七月に猛然とテープ起こしに入った。猛然と、というのは、一月に八百枚ということだから、これはきつい。とことん書く側にまわる一時期があっていいと判断して、稽古を放りだして机仕事に専念した。一夜毎に衰弱した。それは構わない。書くことだけに専念する一カ月を経験するのもはじめてだ。一日十時間の原稿書きを続けて痔になった。

六〇年の安保全学連の病気は、痔と禿げである。国会前のアスファルトに座り込み続けて痔になった者と、神経を使いすぎて禿げになった者が多い。六〇年安保の身体論的総括はアタマと尻に来た。

そのときは痔を免れたが、とうとうやられたのだ。ことのついでに述べておくと、書きものをするときに尻にかかる圧力は大したもので、カンヅメ明けの日、大きく伸びをしてホテルの椅子をつぶしたことがある。尻の肉が紫色にはれていた。文章を書くことは重労働である。

痔の特効薬は空手である（注1）。疲労した身体の回復を夏期合宿にかけた。痔は治ったが、合宿で、弱くなっている自分に気がついた。格闘能力がおとろえて、コロコロ負ける。

空手は何とすばらしいものだろう。稽古を休めば負けるのである。原因は正確に結果となってあらわれ、あいまいさがなく、弁解の余地がない。反省し、鍛え直すのみだ。

俺は最高の状態は同時に瀕死の状態であるという教訓を忘れていた。技術的には能力を全開放したあとの調整に失敗しているのである。一度ゆるんでしまった方がよかったのかもし

れない。ゆるむために一番いいのは女である。大山倍達、いわく、
「酒、タバコについで警戒すべきは、女―男性―と夜ふかし、賭けごとなのである。異性は心身のためによいこともあるが、何かに必死で努力しているとき、異性に満たされてしまうと真の意欲を失ってしまうときがある。
空手家でも、柔道家でも、ボクサーでも、レスラーでも、私の友人や先輩、後輩、弟子などのなかで酒や異性に身をあやまって零落《れいらく》したり、暴力事件を起こして問題になったり、殺害されたりした者はたくさんいた。有能な魅力的人物ほど、異性にも好かれる。で、酒を飲めば、つい理性を失ってしまう。
酒、女、そしてタバコ、賭けごとはだいたいつきものであり、これらはみな心のスキであり、不健康のもとである」(「空手健康法」連載7、『パワー空手』)
「……いまここにあげた『女』は、男の勝負をかけるときは、絶対に遠ざけねばならぬものである。女は男にとってすばらしい。すばらしいからこそ、勝負の前にはこれと接してはならない。というのは、勝負の前に女を得れば、身体のどこかがもうそれで充足してしまう」(「空手健康法」連載6、『パワー空手』)
酒、タバコ、賭けごと、女、夜ふかし等はコミで来ること。女はすばらしいから勝負の前

には遠ざけねばならぬこと。勝負の前に充足してはならぬこと。女は有能な士、若く輝いている男をすばやく見つけ出し、さらっていき、巣ごもりをさせるおそるべき強敵であること。――こういうことを言う大山倍達の魅力が分かりますか。だてに修羅をくぐってきたわけではないことがお分かりですか。

「それらはみな心のスキである」――空手家は警察でも厚生省でもない。酒がいけない、タバコがいけない、と厚生省ふうに言うのはわしゃ知らん、ことは心のスキである！

館長の言を逆に生かして、俺は緊張の解除のために、女にすればよかった。そんなことを言うと、女をバカにしているとどうせ言われるのだから、もっと言ってしまえば、タバコをやめて女にすることを本気で考えている。

コミだからいけない。酒。女。金。俺はその一つにだらしない友人は許容するが、その二つにきたなくなったものは遠ざけてきた。二つ崩れると人格に変調が起こっていることを経験的に知っているから、ずっと、この個人倫理は守っている。

俺は今年、ピークの作り方と、ピーク後の調整の大切さを身に染みて学んだ。これに失敗すると、なだらかに下降するのではなく、ガクンと下る。どう脱け出すか？

肉体からはじめる。精神に稽古法というものはない。精神はパズルや知恵の輪ではない。

精神を鍛えるのは広義の教育であり、真面目に考えることであって、しかも、精神にはスパーリングとか、基礎訓練とか、寸止め《精神》というものはないのだ。精神はつねに真剣勝負であり、自由組手であるが、かたちとして残りにくい。だから稽古とは肉体に適応される概念であって、肉体からはじめなければならないのである。

パワー原理でやってきた者が、いま体力の限界にぶつかっているのだ。これを突破出来ないと俺のピークは一九七八年の一月と二月ということになってしまう。冗談じゃない。本当に冗談じゃないぞ。俺は天命の切れっぱしが見えただけで、まだろくな仕事をしておらず、こんなことで下降線を描きはじめてたまるか。

限界の向こうに未知の世界が開けていることは分かっている。それは空手が教えてくれた。自分には何が限界の向こうの未知の世界かと言うと、おそらく、文武の合致である。具体的には、手刀で自然石と氷柱《ひょうちゅう》を割れるようになること、拳でレンガを砕くようになること、下段蹴りで角材を折れるようになること、そうなれば思想はスケールアップするのであり、スケールアップを越えて、俺は別人になっているかもしれないという希望がある。このズタ袋みたいな肉体が可愛い。

注

（1）ことに蹴りの練習が痔にいいようだ。痔はケツメドの充血から来るのだから、まわし蹴りの百本もやればいい。なお竹中労が『現代の眼』連載「黒旗水滸伝」最終回で注目すべき見解を発表していて、痔はケツメド粘膜の充血なのだから、同じ粘膜の充血の病たる肥厚性鼻炎の薬が効くと考えて、実際に効いたそうだ。それならうがい薬でもいいだろう。俺はこういう考え方が好きだ。なぜ坊主が助平かと言えば、頭を剃っててらてらと亀頭のような具合になるからだ、と述べたところ、上杉清文僧都の賛同を得た。

著者の出版記念パーティーで祝辞を述べる大山総裁（1979年）

第四章

極真空手の野蛮を愛す

第四章　極真空手の野蛮を愛す

俺は極真カラテを信じる。原点は俺だ。汗を流したのは俺だ。打たれて痛いのは俺だ。これはかけ値なしであって、演技でも、つもりでもない。技に迷いが生じたら基本に返ればいいように、気持ちに迷いが生じたり、思想や興味の前線が延びすぎて陣形が薄くなったなと感じたときには、サボればきついぞ、打たれれば痛いんだ、俺が小便をしたいときにだれかが代りに行ってくれてそれで俺がさっぱりすることは決して出来ないぞ、原点は俺、と眉を上げれば突破口が見つかる。俺の手刀がはじめてコンクリ・ブロックを割った日、それは一九七七年九月二十四日だったが、その日の記録からはじめる。

1　デカルト的ゲンコツ論

最終の横須賀線電車のなかで、甘美な疲労に包まれて自分の手を見ていた。いつもはペンを握ったりピアノの鍵に戯《たわむ》れているこの手が、つい一時間前に、コンクリ・ブロックを粉砕した。おい、わが手よ、ほんとかね……そういえばその前夜も最終電車だった。来日したエリゼッチ・カルドーゾ（ブラジルの国宝的なサンバ・カンサゥンの女王）のステージを聴いて、音楽に酔って帰宅したのは二十四時間前だ。一日で人間は変わる。中指にブロックの破片で傷つけた小さなにじみがあるが、骨が痛むでもなし、掌《てのひら》の火照りをアルミの車窓枠につけて冷やしていた。鶴見川鉄橋を電車は快速で通過した。車輪とレールがリズミカルに鳴る。ようはスピードだ。素手がコンクリ・ブロックを割る秘訣はスピードだ。

「醍醐味だろう？」俺が試割《ためし》りに成功したあと、道場仲間、同期の小河原さんが言った。醍醐味だ。彼は俺よりはやくブロックの試割りに成功している。醍醐味だろ、と彼は一言、耳もとで小さく言ってくれた。僚友が自分と並んだことのよろこびが彼の声にはあって、俺はうれしかった。

他愛ないと言われようと、はじめてブロックに挑んで、粉砕した俺はその日勝利者だった。失敗して割れなかったら、気力が崩れて最後まで稽古がやれず、愚痴っぽい気持ちで電車に揺られて帰っただろう。そして、以後数カ月、自分の打撃を跳ね返したコンクリ・ブロックの恐怖感におびえなければならない。

その日は『平凡パンチ』の撮影だった。男性誌で《シェイプ・アップ》が問題になりはじめたころで、名だたる極真カラテの猛稽古ぶりを中年男がどうやっているかという期待もあったらしく、取材したいという申し入れだった。個人的な仕事で本部道場を使うわけにはいかないから、南里宏指導員の厚意を得て、彼が教えている北砂の支部道場を借り、仲間たちも参加してくれて、撮影した。基本、移動稽古、組手のあと、南里指導員は試割りをやれ、と言った。試割りは道場の正規の稽古には入っていない。デモンストレーションのときや大会のとき、出場選手か、指導員として海外へ派遣されたり支部道場を作ったりする男たちが試みるものだ。試割りは空手の威力を示すために行う補助的な演武であって、その意義は、挑戦と実証、すなわち鍛錬の結果を人間の頭で試すわけにはいかないから、板、ブロック、レンガ、自然石、瓶、西瓜、氷柱等を叩いたり蹴ったりして実証することにある。見世物ではない。したがって、試割りがうまくいくようになる特別の訓練は行わない。

それどころか極真の道場では巻き藁《わら》も叩かない。拳頭を固めるために巻き藁を叩くとスピードが落ちる。一年間、力量の同じ内弟子二人に巻き藁を叩かせ、他の二人に空突きをやらせ、一年後その四人に試割りをさせてみたところ、いずれも巻き藁を叩かない方が成績がよく、翌年も同じ実験をしてみたところ結果は前年と同じだったというデータがある。もちろん各自が訓練法を工夫することはすすめられる。サンドバッグ、畳、立木、タイヤ、すすきの穂、ウエイト・トレーニング用の各種器具の利用はすすめられるが、固いものを一度叩いたら、かならずその三倍、空突き、空蹴りをやれ、と指導される。固いものばかり相手にすると技の柔軟性がなくなるからだ。それらの補助訓練は各自工夫して自宅でやり、道場では空手をやるのだ。

俺は試割りをやったことはなかった。拳を強化する訓練も特別やりはしなかった。

「茶帯ならブロックは割れる。やれ」

「押忍」とこたえたが、弱音を吐きたくなった。

五枚のブロックが積み上げられた。二枚を床に敷き、その上に柱のように二枚を立て、さらにその上に屋根のように一枚を渡し、こいつを手刀で叩くのである。恐怖感が起こった。どう重く硬いコンクリ・ブロックが積み上げられていくのを見るのはいやな気持ちだった。どうしたって人間の骨よりコンクリの方が硬い。南里指導員はこわい顔をしている。本気でやらせる面構えだ。後を向くと五人の仲間が正座して見守っていた。支部道場の練習生は休めの姿勢で見ているが、壮年部の仲間たちは正座だ。こりゃ逃がしてくれないな、と腹をくった。

黒帯の先輩鈴木さんがスッと出てきて、真新しいハンカチをブロックの上に敷いてくれた。この布一枚の効果は甚大で、コンクリ表面のザラザラで皮膚を破らぬかという恐怖感が消えていく。

「手刀を正確に作れ。手首に近いところを当てるといい。狙いはブロックのまん中。肘は伸ばし切らず、たわみを持たせて……そうだ。あと五センチ前へ出た方がいい。引き手を使って腰の回転と体重移動をスムースにする。ブロックの下の床を打ち抜くつもりで振り下ろせ。決して目をつむるな。一、二と予備動作をして、三で気合を入れて打つ」

注意を聞いているうちに、やれるという気が猛然とわいてきた。こうなりゃ技ではない。力で叩きつぶしてもやってみせるぞ。

しりぞいて彼は言った。「黙想。気持ちの統一が出来たらやれ」

ブロックを見た。ブロック以外は視界から消えていた。予備動作を一振り。戻す手が頭上にいったとき、気合が入って、一拍はやく腕が振出されていた。そうしたらブロックが割れていた。アッケない。かるい抵抗を残して手がブロックを通り過ぎ、ドシンと床を打った衝撃の方が、痛みを感じさせた。

気がつくと仲間たちの拍手のなかにいた。南里指導員は優しい目で笑っていた。

俺はちょっと手を挙げて挨拶し、手を冷やしに洗面所に駆け込んだが、じつは手を冷やしたかったのではなく、飛び上がってよろこんでしまいそうな自分の気持ちを噛みしめに行ったのだ。手をぬぐって戻ってくる途中、腕の振りが、手刀というより野球のオーバースロー式になっていたのではないかという気がした。

「乱れましたか？」

「乱れていない。見事だった」

南里指導員がそう評してくれたあとで、小河原さんが、醍醐味だろ、と小さな声で言ったのはそのときだ。以上はドキュメントである。三年近く前のことだが、正確に思い出す。身体が覚えているからだ。ことが純粋に思想的な経験だったら、これほど正確には思い出せないし、変形を重ねるうちに記憶の始点もぶれてしまう。しかし技は違う。とくに覚えているだけではなく、再現が可能だから、コンクリ・ブロックならあんがい軽い気持ちで割れるのだ。ブロック一枚割れただけで大げさな、と笑うことなかれ。極真の茶帯ならブロック割りが出来てあたりまえ。試割りのための特別の稽古を積まなくても、そのくらいの力量はだれでもつく。

しかしブロックは極真空手が割るのではない。自分が割るのだ。三十五歳を過ぎた男がはじめて挑んだ試割りに成功したことのなかに極真空手が実現するのであって、抽象的に極真カラテマンがいるのではない。

ブロックを割って何が得なのか、という疑問もあるだろう。何も得はしない。ブロック代を損するだけだ。武道は効用の論ではない。それでも敢えて、空手の効用は何かという論のために、どの流派、どの道場でも言わない効用をお知らせする。読者諸君、セックスが強くなります。

その夜、俺はこう書きつけた。「まさに俺は空手によって、過去十何年ほどの自分の行動と思想を総括しつつあるのであり、この総括の仕方が正しかったのである。正しく総括したからコンクリ・ブロックが割れた」


人間には感動型と怨念型の別がある。

感動型とは行動の引金に感動を据えるものである。感動に触発されて行動し、感動を求めて行動する。一方の怨念型はちょうどその逆であって、感動を冷笑し、愚痴が生き甲斐なのるではないかと思うやつもいる。俺は感動型で、カラテというやつはやたらに俺を感動させるシーンを見せてくれる。ブロック割りに成功したとき、つまり手刀によるブロック割りという試割りのなかでも比較的初歩の技術を成功させたレベルにおいて、俺のなかに極真カラテはいかに実現されたかと考えると、そこには純技術的なことのほかに感動の力があったということを否定できない。

たとえば自分が演武するような気迫で後ろに立ってくれた南里指導員である。正座して見守ってくれた五人の道場仲間である。はじめてブロックに立ち向かった後輩の心理を察知して、真新しいハンカチを敷いてくれた鈴木先輩である。

気合が能力をブーストするのは事実だ。話は昨年十一月の第二回世界大会にとぶが、ニューヨーク支部長の金森師範の氷柱割りにそのことが見られた。二十キロの氷柱四段重ねを左手で、五段重ねを右手で、連続して一気に叩き割るというそれこそ人間技とは思えない試割りであるが、演者が呼吸を整えてカッと眼を開いたせつな、数千の観衆を呑み込んだ武道館に、ただ一声、大山茂師範の「うりゃこい！」という巻き舌で、鉄さびを含んだような気合が通り、その気合に乗って演者が左右の手刀を振るって一撃で百八十キロの氷柱を粉砕した。

カラテは孤独だ。依頼心があると危険だ。ことに組手では危険だ。及び腰だったり、相手の手加減を期待したりするとかえって怪我をする。身体の怪我より、敗北意識を味わった気持ちの傷手の方がみじめだ。そのように各自が裸の自分に向きあうのであるが、稽古が終ったあとの仲間への信頼の気持ちはやったものでないと分からないだろう。道場通いの利点は次の二つである。

一、たとえ週に二時間でも、日常から完全に切り離されて雑念を去る時間のあることの決定的なよさ。

一、自分の限界の一歩先に未知の世界があること。

入門当初、俺は腕立て伏せ十回が限度だった。十回出来るなら十一回目に力がつくよ、と教えられた。先輩たちが五十回やるのに、十五回までついていって、へたりこんだ。休むなと叱られた。鬼か、と思った。シャワーを浴びていると先輩が来て言った。

「初心者に五十回は出来っこない。しかし仲間が終るまで腕で身体を支えているだけなら出来るだろう。きついのは自分のためなのだぞ。身体を支えて、自分は崩れたのではないという気持ちを持ち続けるだけでいいのだ。あきらめて放棄してしまうと一日が空しくなるよ」その通りだった。ネを上げない、と努力するうちに、自分では出来っこないと思っていたことがやれるようになった。すべての技についてそうである。これはシゴキではないのである。極真にシゴキはない。一つは限界を突破すればかならず未知の世界に出る。

　このことは一人稽古では無理なのだ。一人稽古では自分を甘やかす。一人稽古で千本蹴りが出来たためしがない。数を数えるのがおっくうになり、数に押しつぶされてしまうのだ。千本蹴りは六百本あたりが一番苦しい。数に圧倒されること、あと四百という数が気力をなえさせること、これは二ケタの数値計算があやしくなる一種の酸欠状態で、そういうときには半失神してしまうのがコツだ。それが効果的なのだろう。本能とそれまでの技術だけで半無意識に行ううちに実力がつくのだと思う。無念無想というのは酸欠状態によるこの半失神のことではなかろうか。そしてこんなことはとても一人では出来ない。

　極真カラテに対する批判にこんなものがある。連中はなるほど若いうちには元気がいいが、限界に挑戦するといって無理ばかりをするから、中年を越してガタが来る、と。

　そうなのか、どうか、今のところ実証はできない。極真カラテの歴史は浅い。最年長者は大山倍達館長の五十五歳である。館長にガタが来ているだろうか？　現在、道場通いをしている最年長者層はわれわれ壮年部で、みな中年過ぎてカラテをはじめた者たちだ。その人たちがまわし蹴り千本を含む基本稽古のあとで、平気で移動稽古と組手をやる。若い内弟子からからかい半分に「恐怖の壮年部」と言われるくらいだ。げんに世界選手権出場クラスの選手と一緒に稽古したことは何度もあるし、軽いスパーリング程度だが、組手の相手をすることもあるのだ。大山門下に差別も特例もなしという精神は一貫している。壮年部が現在のような形になったのは、南里指導員が任に当たるようになってからだからこれも五年弱の歴史しかないから、あと五年後、われわれがみなリューマチにかかるか、ポックリいったら極真の練習はハードすぎるという批判を受け入れてもよい。

熱血漢南里宏は九州佐賀の、筑豊にごく近い炭鉱に生まれ、育った。父の経営していた炭鉱が、三池闘争の火燃えるあの時期に（つまり五〇年代末の炭鉱合理化期であり、土門拳がザラ紙に刷った写真集『筑豊の子ら』を出した時代である）つぶれ、筑豊を離れ、労働者として東京にやって来た。彼の筋肉の束には抗夫たちと風呂に入り、選炭のよごれを洗って育ってきた筑豊の男の匂いがある。彼は三十一歳で大山カラテの門を叩き、猛練習して指導員になった人物だ。小柄だが、強い。館長不在中は、帯研《おびけん》筆頭として黒帯たちをリードする。俺は南里さんが好きだ。同い歳ということのほかに、安保全学連と筑豊の男の呼吸というものがあるのかもしれない。

南里さんが壮年部の指導に当たりはじめたころ俺は入門したから、《南里教室》の第一期生ということになるが、師弟の別を越えてみんな苦労した。壮年者の武道のあるべき姿を模索し、各自がどのくらい耐久力があるものかを自分を実験台にして試し、ここまでなら耐えられると見極めて彼は指導した。館長直伝の高等戦法をひそかに教えてくれもした。

南里さんと俺とでは見る夢が違う。彼のようなカラテマンになりたいと思うが、あの猛練習をやるためには、平岡正明が平岡正明をやめねばならない。今、俺は仕事上の勝負の時期で、徹底的にエゴイズムを先行させているが、過渡期論をやっている俺と、過渡期をやっている道場仲間たちは同一線上である。

いま一度もとに戻るが、俺の思想が正しかった証拠にコンクリ・ブロックが割れたという一九七七年九月二十四日の確信を変えるつもりは決してない。翌、一九七八年の一月から四月にかけて四谷の「ホワイト」という酒場で行ったＤＪの記録『クロスオーバー音楽塾』に愛着する理由は、体力の限界と知力の解放に挑んだ記録だからだ。この時期、俺は初段を取ろうとしていた。そして、取った。

文武両道ということを意識したことはなかった。むしろ意識しまいと決めた。文と武はビッコでいい。文筆家としての俺と門下生としての俺は別人でありたい。低いレベルの文と武が一致されたら双生児が四つの影を引きずって歩いているようでサマにならない。毛沢東

「体育之研究」（彼が二十三歳のときの処女作）の、精神は文明に、肉体は野蛮にという語を俺は実行していた。

しかし、空手で得たパワーの出し方、体内のスーパー・チャージャーの回し方といったものが、脳味噌の領域でもやれそうかな、という気配を感じていたのは「ホワイト」でのＤＪの頃で、それなら、文武エンターテインメント三一致をやってみようかということを意識した。文と武、そしてエンターテインメント、これならやってみる価値はある。稽古のあと、酒場へ行って朝までＤＪをやる。それを連続十二週、楽行としてやる。友人たちにそれが苦行とうつったらやめる。途中に一週だけ香港取材旅行で休んだ日もあるが、友人たちは楽しんでくれたし、俺もスイングした。それをやりながら初段審査に合格した『クロスオーバー音楽塾』は俺の作品のなかでも純度が高い。活字化するにあたって、文章を削っても削っても、骨格が揺るがず、やせ細らない。俺の発言や文章は、まわり道や脱線、夾雑物《きょうざつぶつ》や無駄肉の細部にこそ神宿りたもうというスタイルであるが、それらを取ってしまってもなおＤＪ発言の論旨が揺るがないというのは、空手の稽古が身につきはじめた証拠だった。稽古とは、むだな力みを取り、装飾的な動作を削ぎ落とし、削ぎ落として、技のシンプルな本質に近づく過程であるから、それに耐えることのできた俺は、思想のカンナがけにも耐えられるようになっていた。

以上は二例である。七七年秋にはコンクリ・ブロックが割れたという実証を残し、七八年冬には「文武娯楽三道」に挑んで『クロスオーバー音楽塾』を実証した。これは俺のささやかな誇りである。

さて、問題に入ろう。

しかし、俺の極真の誇りはいま傷ついていること、これだ。

それは昨年（一九八一年）十一月の第二会世界大会でのウイリー・ウイリアムズの反則狂乱であり、本年二月の対猪木戦異種格闘技戦での引き分けによる八百長説が出ていることだ。猪木戦を見た友人は、「ウイリー・ウイリアムズは本気になったらさぞ強いだろうね」と言うのだ。三度場外乱闘があって、三度ともウイリーが馬乗りになって猪木を殴っているのだから。組み打ちでレスラーが下になっては世話はない。ウイリーは強い。強けりゃ勝つ。弱けりゃ負ける。異種格闘技戦では負けた方が担架で担ぎ出されると考えてあたりまえだ。この友人の言で痛かったのは、「勝つにせよ負けるにせよ、極真カラテだけは真剣勝負をやると思っていた」というニュアンスがあることだ。インチキや上は商業広告から下は自己弁明にいたるまでの理屈による言いくるめだらけの世の中で、せめて極真カラテくらいは勝った負けたをはっきりさせてもらいたいし、一途に勝負を求める本物の男の集団であってほしい、というのが極真ファンである友人の言だ。その通りである。一途に、ひたむきに、決着を求めるのが極真カラテのすばらしい野蛮さだ。自分自身の極真カラテへの信頼は揺らがないが、この問題には決着をつけねばならない。

2 一月十一日の館長訓話

極真カラテの鏡開きは古式どおり一月十一日である。早朝五時半、弟子たちが集まったところへ館長がやってきて、言った。「寒いね。稽古してあったまろう」

大山倍達の年頭の声はこれだった。三十分間の基本稽古だけだが、館長指揮の稽古がいかに身の入るものかは、やったものにしか分からない。ガラス窓がたちまち湯気で曇るのである。

「これから私の言うことをようく聴け」と館長は正座して切り出した。大山倍達は言った。

「昨年の大会で日本選手は中村誠選手が優勝、三瓶啓二選手が準優勝を得たが、大会主催地が日本だったから勝てたので外国だったら負けた。負けたとしても審判が不公平ということではない。審判は公平だった。むしろいくつかの試合で、外国人の審判が私に気をつかって、日本選手にひいきした。東孝とイギリスのハワード・コリンズ戦がそうだ。延長戦で副審は二対二、そのとき主審のハワイ支部長が、私の顔を見てから東孝に旗を上げた。私は猶予なく判定を覆して再延長戦を命じた。日本選手の動きは直線的で、円を描くという空手の動作原理に欧州選手の方が忠実だった。技でも負けている。きみたち、私の本（ここではエッセイではなく『ダイナミック空手』、『アドヴァンスト・カラテ』（日貿出版社、一九七〇）等の教則本をさす）を何度読んだか？　三度読んだか？　ヨーロッパの選手は十回読んだと言っている。国連勧告で出場できなかったが南アのウーテンボガードは、私に、日本選手は動きが直線的だと言い、自分たちは直線的な動きならこうかわす練習をしているとやって見せ、あの男は謙虚だから、やれば自分が勝つとは言わなかったが、自分たち南ア勢が出場すれば上位は入れ替わっただろうと断言した。ウイリーが反則負けせずにまともにぶつかったら、三瓶も中村も、きみたちは負けたぞ。パワーアップに重点を置きすぎた館長指導方針も間違っていたかもしれないが、技術面でも外国勢が上まわりはじめていることを心得ておけ。今回の大会の戦いぶりで、われわれのカラテは心ある人にソッポを向かれることを覚悟しておけ。抗議や、失望したという手紙が私のもとに山ほど来ている。それらは一通でも多く『パワー空手』に掲載して公表する」
大略、そのような内容だったが、聞きながら俺は身体がふるえた。うれしかった。大山倍達の太陽のような性格には一点のにごりもない。選手個々人の戦いぶりや、稽古方針、指導方針、各支部との関係等、極真カラテの現状をえぐって容赦がない。インテリでないことはつくづくいいことだと思った。思想のどこにも、自己正当化が一点もない。職業的な知識人の場合、相当に胆力のある人士でも、一つか二つは自己慰藉《いしゃ》、自己正当化がチラリと見えるものだが、それが全然ない。号令は一番上から来た。館長が依然として空手の革命家だったのだ。大山倍達がそう言ったのだから、極真はそう動く。
この訓話はひときわ迫力があったようだ。参加した外国人空手留学生たちも一様にそのことを書き留めている。「……その間私たちは正座したままでしたが、前方を見ますと、そこに座っている人たちの足は皆、長時間の正座のため圧迫され、紫色に変色していました。道場生の多くは少しでもそうした苦痛から逃れようと、体を左右にずらしたりしていましたが、これは私自身もまったく同様でした」(オーストラリアからきたジェームズ・フィリップ初段)
「私は言葉が分からないためそれらを理解できませんでした。しかし、なんとなくその身振りから、かれの言っている意味が解せるような気がしました」（トニー・ボーデン二段。百キロの巨漢たる彼は、大会で川畑幸一選手と力対技の名勝負を行った人物。これは勝ちを収めた川畑選手の名手ぶりを高からしめた好カードだった）

　あえてフィジカルな面とソウルフルな面を引用した。極真では正座を強《し》いない。足がしびれるまでの正座は武道では愚の骨頂であって、稽古時の礼としての正座でも、剣道の蹲踞《そんきょ》の姿勢ほど正座して膝を開かない。キンタマを蹴られないようにだ。ちなみに述べておくと、武道でふつうわれわれの言う正座が正座とされたのは江戸期以後である。能楽では今でも正座とはあぐらを意味し、中国や朝鮮では日本式の正座を囚人の座りかたと嫌う。館長訓話のときは正座するが、じきに彼は「楽にして聴いて下さい」と促す。それを言うのを忘れるほど話に熱がこもっていたのであり、それは外国人のカラテ留学生には異様に見えたのだろう。言葉は分からぬなりに彼らは何かを感じ取っていた。大山倍達という人物には何か異様な説得力が備わっている。信じがたい話だろうが、英語を解さぬブラジル人と話をして、むこうはポルトガル語で、こちらは日本語でちゃんと話が伝わったというのは事実だ。ゴッドハンドという名は、瓶を切り、牛を倒す手刀の威力というよりも、彼の霊的な手に対して外国人が命名したのではなかろうか。握手した人が例外なく言うのだが、その柔らかでしっとりとした掌に包まれると緊張感がスッと消えるから不思議だ。

しかし極真カラテは物理的なカラテであり、クソ・リアリズムのカラテである。神秘主義は遠ざけよう。

ようするに鏡開きの館長訓話をもって、道場の隅々まで気合が入っちゃったのである。

3 ウイリー狂乱の謎

誤解があるので解いておきたい。

極真カラテは他流試合を禁じていない。大山倍達館長がウイリー・ウイリアムズ二段を破門したのは、禁じられた他流試合を行ったからだという誤報が流れたりしているが、違う。こちらから挑戦するな、ということだ。挑戦されれば極真は受ける。

他人の茶碗をはたき落とすようなまねはやめるように、というのが館長の言だ。他流派の空手、他の格闘技を問わず、極真がそれに挑戦し、破った時代は終っている。そして、素手の格闘技ならどの流派、どの種類の格闘技の参加も自由なオープン・トーナメント方式の大会が、国内戦で十一回、世界戦で二回行われており、げんに、ボクサー、タイ式、柔道、カンフー等の選手が参加している。

試合は個人戦である。団体戦はない。選手はゼッケン番号をつける。その選手がボクサーならボクサーとアナウンスされるが、どのジムの所属だということは言わない。むろん空手家に対しても、何流の何道場所属だとはアナウンスされないし、プログラムにも印刷されない。流儀ないしは種類の優劣を争うものではなく、個人の勝敗を争うものだ。

他人の茶碗をはたき落とすようなまねはよせ、ということは、平たく言えば道場破りはもうよせということである。個人的に知っていることだから固有名詞を出すのは控えるが、北海道で、極真の連中は山口組よりひどい、という話を耳にしたことがある。たのもう、と相手道場に上がり込んで、試合をして、相手が逃げると追っかけまわして引き揚げてくる。当節ではヤクザだって事前の談合なり政治折衝をするのに、極真の連中ときたら、あれは古典的な道場破りだ、というのである。「古典的な道場破り」という言い方がおかしかった。古典的なのかなあ?

猛虎の異名をとる師範は、相手道場が試合に応じないのに業を煮やして、看板を持って行ってしまい、窃盗罪で訴えられたそうだ。訴えられて警察も仕方なしに窃盗罪容疑ということにしたらしいが、表札集めの受験生ではないからとアッサリ返しておしまい。じつはこれはあまり古典的ではないので、調べてみたところ、相手道場の看板を持って行っちまうというのをやったのは幕末の勝小吉だけらしい。江戸時代は各流・各武芸はそれぞれ藩のお止め流（乙女流と字をあてることもある）で他流試合をするはずもなく、武芸の町道場も生花や茶の家元制度のようにひっそりとやっていただけだ。相手の看板を外すというのは勝小吉と猛虎師範しかいないのではないか。古典どころか、ナウい、ナウい。

こういうことがよくあったので、館長は、こちらから挑戦を禁ず、と指示したのである。しかし未知の格闘技があれば極真カラテマンは勇躍挑むのである。

世界大会準決勝戦、対三瓶啓二選手戦で、ウイリー・ウイリアムズ選手が突如狂乱したかのように反則を繰り返し反則負けとなったことについて、巷間《こうかん》噂され、道場宛に質問ないし抗議された内容を要約するとこうである。

外国選手に優勝させたくなかった極真首脳部がウイリーに含んで反則負けをさせたという説。

アントニオ猪木との戦いを行うべく、わざと破門されるような行動を行ったという説。

抗議と回答のいかにも極真的な一例をお見せする。それは機関誌『パワー空手』（一九八〇年二月号）に掲載されているもので、メディアは内部通信的なものであるから門外には伏せておく方がいいのかもしれないがその抜粋――。

山口県の通信教育生（支部道場のない地方に空手の通信教育の制がある）から館長への手紙の一節。「……試合内容の件。準決勝の三瓶啓二とウイリー・ウイリアムズの一戦が試合にならず、ウイリーがあのような行動に出たことはあのまま行ったらウイリーが一位になるのを恐れて、あのような行動をさせてウイリーに反則負けをさせて日本のメンツを保とうとしたのではないかということです。これは私達だけではなく他の人も『なんだ極真会は真の武道などと言っているがきたない。あれはどうみても駆け引きをしている』と言うのです。（この抗議者がその友人を殴ってしまったことが述べられる）先生、私は今くやしくてくやしくてなりません。（中略）この質問に対していい加減であれば、たとえ先生であろうと差し違えて死んでやろうと思って、書いているのです。（以下略）」

大山倍達館長の回答の一節。「……本件に関しては大会終了後、貴殿と同様、質疑の便りが山と殺到している。この問題は時がくれば明らかになると思うが、今後本誌『パワー空手』でも私なりに感じたことを掲載していくつもりである。あの出来事について私自身推察されることは、第一にウイリー・ウイリアムズが三瓶啓二に対し個人的な悪感情を抱いていたのではないか、ということである。というのは、大会に先立ち私は出場を予定している何人かの選手を米国に派遣し修行させており、ウイリーの所属する茂師範の下で、両者は稽古を通じて何回か相手を経験しているからである。

第二は、ウイリー自身黒人特有の情熱的な側面を持っており、そうした性格上の問題から暴挙に出たのではないかということ、その契機が何であるかは判断しかねるが……。

そして最後に、これは多くの方々からも指摘されていることであるが、格闘技世界一を豪語するアントニオ猪木との対戦を実現すべく試合を放棄した――このようにも考えられる。猪木選手と二月下旬対戦するために、既に正式な契約を交わしたことを私は、試合当日になって知ったのであるが、もしそれが事実なら、遅かれ早かれ、かれの破門は必至である。そしてそのことをかれ自身、極真カラテの門下生である以上よく知っているはずである。

私はプロレスがすべて八百長だとは考えたくない。しかし猪木の演じた過去の対異種格闘技戦を見るに、このほとんどが試合を分ける結果に終っている。このことを私は疑問視するものの一人である。と同時に、私は、極真空手の門弟にそのような苦汁をなめさせたくないというのが、むしろ本音である。男同士が命を賭して戦うからには、勝つか負けるか、これしかない。私事で恐縮だが、過去何度かプロレスラーと対戦した際私は、その都度死も覚悟しながら、恐怖におののきながら襲い来る孤独の中で勇気をふるい起こしてリングに上ったものだった。そのような小心な私が、幸運にもすべて勝利を得ることが出来たのは、強かったからではなく、勝負に対する執念が私自身を救った——としか考えられない。従って世間の批判に対して敢えて釈明させてもらうならば、私は反則劇を演じさせて？　まで、日本に勝利をもたらすよりは、武人としてむしろ負けるほうを選ぶということである。（以下略）」

『パワー空手』編集長は久米富雄である。ヤング誌『絶体絶命』編集長として書き手たちから信頼の厚かった人物で、その彼が道場機関誌を担当しているのは頼もしい。

極真首脳陣に八百長の筋書きなどなかったと見ていい。

ウイリーの突然の狂乱に関して、俺自身は黒人の二面感情の激発と見ている。直観的にそう思ったのであり、現在ますますその説に傾いている。その直観はジャズから来た。ウイリー・ウイリアムズは顔や体形がソニー・ロリンズそっくりだから、そのタガの外れ方もロリンズ的だ、と直観したのだ。

彼は準決勝まですべて一本勝ち出来た。強い。圧倒的に強い。準々決勝の一つ前の佐藤俊和選手戦まで彼は手技を使わなかった。熊殺しのパンチは一発も出さなかった。蹴りだけで勝ちだ。ウイリーの主戦武器はパンチで、前回四年前の第一回世界大会では、長身から叩き下ろすような彼のパンチは《ウイリーの変則突き》と言われて恐怖のまとだった。今大会で彼は手刀で板を八枚割っている。これは過去の全大会を通じての新記録で、三枚割れば合格のところ、八枚なんて、板というより箱で、すごいというより、何かバカバカしいという感じの威力なのである。灰色熊《グリズリー》を倒したパンチ力にかけ値はない。彼はこのパンチを対戦相手に出すのをこわがっているように見えた。接近戦を挑んでくる相手には、そっと労《いたわ》るという感じさえ見せて掌底で突き放していた。もちろん反則なんて一つもやりはしない。

しかし、米国選手の応援者としてのウイリーは異様だったのである。自国選手の試合になると、自分が試合を終えたばかりとはとても思えないスタミナで飛んで来て、コーナーに陣どり、身を乗り出して、「ＵＳＡ」と応援する。大声で戦い方を指示する。その姿はカラテの試合会場では見られなかったもので、ボクシングのセコンドの熱狂そのままだ。それ以上に精力的だ。自国選手が勝とうものなら、肩車に担ぎあげて狂喜して控え室へ戻る。たぶん初めて顔を合わせただろうハワイ出身の、一目で中国系とわかる顔だちの選手に対しても、国籍が米国なら熱狂的な応援を送った。

その熱狂は、黒人のジャズマンや、プロ・スポーツマンのヒーローの熱狂だった。

そのナショナリズムは常軌を逸していた。

しかし、はたして彼はそこまでアメリカ人なのか、という気がする。白人の場合は、自国政府に反対しようとも、あたりまえにアメリカ人である。しかし黒人の場合は、意志的にアメリカ人になる。

アメリカ人であること。しかし黒人であること。これはジャズの原動力たる二面感情である。ジャズ・ファンはそのことをよく知っている。とつぜんタガが外れて、ヨーロッパのホテルのロビーなどで、ジャズ・プレイヤーとして尊敬されている黒人紳士がいきなり小便をはじめたりすることがあるそうだ。

ウイリーはいつもサラセン模様のネッカチーフを頭に巻いてカラテをやっている。大山館長のかむる日本手ぬぐいとウイリーのかむるサラセン模様のネッカチーフは名物で、そのスタイルは極真のスーパースター、ウイリーの象徴にもなっているが、ウイリーの場合、それは宗教上の理由によるらしい。館長の場合は禿げてきて汗が目に流れ込むからだが、ネッカチーフを取ると、ウイリーのヘアースタイルは、瓜坊主のような奇妙なもので、ジャマイカの宗教結社ラスタファリズムの泥で固めたドレッドロックを連想させる。ラスタの人々はこの髪形を隠すために日常生活では毛糸の帽子をかむるのである。ウイリーの髪形は回教の一分派のものか、アフリカ系宗教のものではなかろうか。

そしてその髪形をサラセン模様のネッカチーフをかむってかくして、「ＵＳＡ」と熱狂的に彼は叫んでいた。その極端なナショナリズムには何か黒人の二面感情が隠されているに違いない。

今大会は極真の武道にも政治が影を落としていた。というよりも、残念ながら、極真は世界政治に屈した。優勝候補の一角、ケニー・ウーテンボガード選手を擁する南ア連邦勢が、会場に到着していながら、国連勧告および外務省要請によって、出場出来なかったことだ。南アの人種差別政策への国連制裁である。この国が人種差別政策を撤廃しない限りスポーツの海外試合に出られない。それは仕方がないとして、ケニー・ウーテンボガード選手はどうか。彼は白人と黒人の混血と言われる。人種差別国南アにおいては、混血児は黒人である。自国の人種政策のおかげでケニー選手が出場できないというのでは彼は泣き面に蜂だ。南アの鷲ケニー・ウーテンボガード選手にもナショナリズムの影が落ちていた。ことカラテに関しては、地上百の国家より、国連より、大山倍達こそ最高の規範であるが、大会は真空のなかで行われるのではないからやむを得ない。

そして大山倍達館長自身が強烈なナショナリストである。第一回大会および第二回大会では、日本選手は絶対に勝て、負けたら腹を切れと言っている。自国本位なのか？　違う。外国勢はカラテ本国、日本打倒を目標に修行している。だから日本のカラテがその前に立ち塞がって勝たなければ、目標を失った世界のカラテは止まる。柔道や全空連空手がそうだ。そのテツを踏むな。そのように『極真への道』（日貿出版社、一九七六）、『わがカラテ革命』（講談社、一九七八）等の、カラテ思想書とも呼べる近著で説きながら、一方で、海外勢に日本を打倒させるべく指導員を派遣し続けており、海外の選手を本部道場で修行させているのである。このナショナリズムはダイナミックである。

しかるがゆえに大会ルール、運営方法は厳正である。国家単位、民族単位、流派単位の団体戦は行わない。個人戦である。トーナメント式の勝ち抜き戦で、同じ国の選手たちが一つブロックにかたまらないように散らばせる。

カラテの試合で民族感情、国家対抗の意識が表面に出てきたらエライことになる。かつて本部道場でイスラエルの選手とドイツの選手が組手を行い、ユダヤ人対ドイツ人の民族感情が激発して、小柄な方のドイツの選手が相手の尻に噛みついたという事件があった。アメリカの道場で、男の組手ではそんなことはないが、白人の女と黒人の女が組手をやったところ、たがいに髪を引っぱり合うという喧嘩騒ぎになってしばらく女子の組手を禁じることになった。アフリカの道場で、夜間、ひそかに黒人の弟子が日本人指導員を訪れて、白人には技を教えるなと頼み、その翌晩、こんどは白人の弟子がやって来て黒人には教えるなと言った。

指導員は、どちらにも教えるか、どちらにも教えないかだ、それが極真カラテの態度だから、あんたがたで好きな方を選べ、と言った。

人種対立、民族対立、国家対立、——カラテにおける階級対立というのはあまり聞かないが——というものはカラテにも顔を出すらしい。それがいやだからと言って、分科会みたいなことをやっていたら意味はない。門下生に差別なし、その大乗のカラテが極真カラテである。

ウイリー選手のナショナリズムは、アメリカへの帰属意識を強化して、戦う自分自身の根を据えようとした態度であろう、と俺は思う。そのナショナリズムは常軌を逸していた。

一方、第一回大会と異なり、わずか四年で各国のカラテの《個性》というものがあらわれている。同じ極真カラテでありながら、どうも日本とヨーロッパとアメリカは感じが違う、という印象をファンは持ったのではなかろうか。ヨーロッパ選手は、基本に忠実で技の切れを尊び、アメリカ選手は西部劇みたいに荒っぽくパワーを尊び、第三世界の選手はきかん気だ。何が飛び出してくるか分からず、三瓶選手を苦しめたキュラソーのバウエント選手や、パンチのムチャ振りで思わず「カダフィ流」と俺が口走ったリビアの選手など印象深かった。欧州勢、合衆国勢、第三世界の選手たちが三つ巴になって、さらに中心の日本に押し寄せてくる。

それはまさに館長が『わがカラテ革命』で予想した通りの図だった。

欧州は欧州らしく、アメリカはアメリカらしく、日本は日本らしく（サムライ的に美しい戦いをしたのは東孝選手だと思う）、それぞれのカラテの性格があらわれているというのは、世界のカラテの長足の進歩を物語っていることであり、そのようなナショナリズムに非を鳴らす理由はない。

だが、そのナショナリズムをよしとし、ウイリー選手のナショナリズムを非とするなんてことが出来るのか？　それも極真カラテ、これも極真カラテなのであり、たぶん愛、きっと愛なのだ。

それらを丸抱えにしてとうとうと流れるものが極真カラテのダイナミズムでなくて何なのだ！

ウイリー・ウイリアムズに話を戻そう。彼は強い。その強さを自分で制御し切れぬほど強く、かつ制御し切れぬ自分を恐れているように見える。強豪佐藤俊和選手とぶつかるまで、接近する相手を両手で突き放す彼の腕の動きは優しすぎる。チャーリー・パーカー以来、あまりにも巨大すぎる自分の天才を持てあましかねて、自滅の道を突き進んで最上の演奏と燃焼を見せたジャズの巨人を俺は知っている。コルトレーンがそうだ。ドルフィーがそうだ。アイラーがそうだ。そして名声の絶頂でとつぜん雲隠れし、前後あわせて四回の雲隠れをし、ときとして自虐的なまでに自己点検にふけるテナーの巨人ソニー・ロリンズがそうだ。ロリンズほど自分の天才を持て余している男もいないだろう。ウイリーとロリンズはほんとに似ている。

ジャズの破滅型天才の特徴は、日本の文学者などと異なって、強すぎることだ。その強さが「自己テロル」に向かうのである。

ウイリー・ウイリアムズは、強豪佐藤俊和選手と対戦して、その延長戦ではじめて熊殺しのパンチをふるった。元日本チャンピオンの佐藤選手は、前回の世界大会にウイリーを破った英国のコリンズ選手をさらに破った豪の者であり、この相手に対してウイリーははじめてフルパワーを見せた。佐藤選手の前蹴り、下段まわし蹴りが入っても、効かないのだ。接近して膝蹴りで佐藤選手を倒したが、場所が場外で無効。引き分け、延長となって、ウイリーははじめて熊殺しパンチの四連発（だったと思う）を相手の胸板に叩きこんだ。寒気のするほどの威力である。佐藤選手は一瞬立ったまま悶絶した。

ウイリーはこの試合でも一つも反則をしていない。膝蹴りが首を摑んでの反則だという意見もあるが、瞬間的に引き落とすような技で、反則とは思えない。決め技になったパンチは基本通りの中段突きである。第一回大会で恐怖をよんだ上から叩き落とす変則突き（別名ニューヨーク流）ではない。二メートル三センチの長身から鎖骨を狙って叩き落されてくる威力こそ壊滅的だが、鎖骨を狙ったものが顎なり首に入りやすい危険を感じて彼は基本通り乳の脇から繰り出す中段突きで相手の胸板を叩いたのではなかろうか。堂々たる勝利である。

そのウイリーが三瓶選手との準決勝で突然狂った。

三瓶選手は準々決勝で、大声一番、思い切り踏み込んで中段突き一発でスペインの選手をKOしている。彼がこんな戦い方をするのを見たのははじめてだった。ライバルの中村誠選手を剛とすれば、彼は柔だと思う。中村選手は一気に攻撃して短時間で勝負をつけるが（ウイリーが十七秒勝ちを記録すれば、彼はすぐさま十六秒勝ちをして一秒短縮したのが好例）、三瓶選手の場合は、相手に力を出させてから地力で勝つタイプだ。その彼が大声一番飛び込んで相手を倒してとる。ウイリー戦に備えて燃えたのだ。

場内の興奮は、だれか演出家でもいるかのように、ウイリーVS三瓶戦に向けて網がたぐられるように高まった。登場した三瓶はすごい顔（いい顔）をしていた。それを「三瓶は死ぬ気になったな」と評した友人もいる。自分が負けたにしても、ウイリーにダメージをあたえて中村誠に渡す。攻撃あるのみ。

ところがウイリーの例のプロレス式反則。三瓶選手は唖然としていた。ウイリーはほんとに狂ったのか？ そうは思わない。本当に狂ったものなら、ああまで派手に狂乱しない。位置を入れかえて、反対方面に真一文字にヨリキリをみせ、場外にあびせ倒し、上がってくる相手を突き飛ばしてまたリング下に落とし、制止した主審添野師範にも摑みかかった。まさにプロレスの場外乱闘だ。これから先の描写は『東スポ』調でやるよりないくらいの、武道大会ではありえない狂乱なのだった。

しかし、位置を入れ替えてまで相手をヨリキッたコーナーに、なぜ、大山茂師範と大山館長がいたのか？ 自分が本当にタガが外れて狂ってしまいそうになったとき、二人に止めてもらいたかったからではないか。また本当に三瓶選手に害意を持ったのなら、肩口を掌底で突き飛ばしたりせず、正拳で顔を殴っていたはずだ。この椿事《ちんじ》は一瞬にして大会をシラけさせた。数々の好勝負がフイになる。三瓶選手の気持ちにもなれ。責任はウイリーにあって、中村誠選手の優勝の価値が減じられるわけでもないのに、彼の戦い方に、勝者への讃辞とはほど遠い批評がファンから寄せられたりする。中村誠の責任ではない。あの戦い方が彼の戦い方なのだ。パンチで追い込み、前へ前へと出て、相手が体勢を崩したところにまわし蹴りを決める。それが彼の戦法なのであって、それをファンから芸がないと言われたら彼だって気を悪くする。ウイリー狂乱の害は大きかった。

はじめから筋書きがあったという証拠が出てきたら認めるよりないが、俺はあの椿事はウイリー・ウイリアムズ個人の心の問題だったと思う。彼は勝つのがこわくなったのではないか、という仮説も俺は抱いている。彼は現役最強のカラテマンだろう。その彼ですら、勝つのがこわくなった。チャンピオンの孤独、といえばあまりにもきれいすぎる武道の淵を覗き込んで、ためらいが生じたのではないか。武道の深淵《しんえん》という語を、権力と置きかえてみよう。権力は人を魅惑もするが、摑むのを恐れさせもする。その頂上の絶対的な孤独、つねに挑戦者に備えた緊張感、地上最強の男たらんと志して、げんになった男・大山倍達が覗き込んで震えたと言われる格闘技の覇者の孤独に、まだウイリーの心は準備が足りなかったのかもしれない。

他人の心理分析はここまでにしよう。いずれにしろ大山倍達館長の号令は下ったのだ。誇りの傷ついたカラテマンは手負いの虎である。

来日したシャーラム イラン皇太子歓迎演武会でビール瓶切りを披露する大山館長（ホテルオークラ 1974年５月29日）

第五章

喧嘩原論

第五章　喧嘩原論

ある日、大山倍達は、久しぶりに演武式目に牛殺しを復活させようかと考えていたところ、他流派の空手家が、牛と人間との戦にはすでに大山倍達が何度もやって目新しさがないと揶揄したことを知って、眼を引き裂くようにして怒って言った。

館長「師範代を呼べ」

師範代「押忍」

館長「だれかライオンと闘わせい」

師範代は、ちょっと情ない表情を一つ見せただけで、黙々と人間対ライオンの戦いの下準備にかかった。

これが極真精神である。作り話ではない。俺はその現場にいた。

ふつうなら、じゃあそんなことを言う空手家が牛を倒したことがあるのかね、という反応になる。げんに少林寺拳法の宗道臣との論争でやれるものなら山羊《やぎ》の角くらい折ってからモノを言え、と大山倍達は言い放ったことがある。これを繰り返さず、牛殺しはめずらしくないだと、ではライオンと闘え、と前向きに、ひたすら前向きに発想するのが極真的なのだ。

こうしてウイリー・ウイリアムズの熊殺しが実現した。

1　そんじょそこらの喧嘩について

大山倍達著『日々研鑽』（講談社、一九八〇）が出た。第二回世界大会で極真はミソをつけたと――正当にも――思っておられる人々はこの本をご一読願いたい。

第二回大会以後の状況に関する総括の書である。極真が自分をどうえぐり、今後どうなるか、大山倍達自身の発言にあたられたい。

俺はこのままずっと極真のカラテの一門下生でおくる。委員や役員にはならず、ブランチの責任者にもならない。過日、館長に申し上げた。「先生はゴッドハンドですから、私はフリーハンドでゆきます」館長は笑って認めてくれた。フリーハンドと言ったからには破門覚悟で勝手に書く。
「このままずっと」という語を使った。ではこの際宣言する。
俺は、
一、生涯にわたって体系を立てない。
一、生涯悟らない。
悟りが大嫌いなのだ。この世の九割方は生兵法でやっていける。残り一割の完成を目指して悟りなどしてたまるものか。体系を立てれば、弟子が出来、組織が出来、その分自由が損われる。友がいればいい。友が邪魔なら捨てればいい。ずっとこのまま俺は過渡期でいく。

日本の現状にあって、カラテは喧嘩に役立つか、という問いはリアルで切実だろう。戦争ではなく、武道試合ではなく、闘争ではなく、殺し合いでもなく、当面、喧嘩に役立つのかが問題だ。戦争に役立つカラテというものを考えるのはごく一部の戦争好きのためだろうし、試合ではどうかというのは、これはかなりの数の格闘技ファンのために興味があることであり、闘争や殺し合いのレベルでカラテが論じられなければならない社会状態には幸いなことに遠い。われわれの闘争本能の発揮される場は今のところ、「受験戦争」「生存競争」「交通地獄」「対人軋轢《あつれき》」などと同一地平での喧嘩であり、ストリート・ファイトである。前章で述べたようにデカルト的ゲンコツ論の起点は俺であるから、俺自身の喧嘩の場で考察しよう。次の三場景を提出しうる。

甲類—夫婦喧嘩、痴話喧嘩、親子喧嘩、兄弟喧嘩についてはカラテは役に立たない。

乙類—職能的な場における喧嘩である。同志、元同志あるいはかつて同一戦線を結成していた者、自分と同類ないしは同業の者、編集者、出版人等を相手にする喧嘩。カラテは有効。

丙類—市民生活上遭遇する場としての喧嘩である。ここでは相手の職種、階層別による戦闘力をアタマに入れて置いたほうがいい。ヤクザ。スポーツマン（球技系、陸上系、水上系、格闘技系）。芸術家（美術系、音楽系、映画演劇系、文学系）。応援団。高校生。大学生。筋肉労働者。商店員。遊び人（硬派、軟派、ギャンブル系）。党派活動家。党派活動家くずれ。役人。定着知識人（教授、研究員）。プロドライバー。政治家。警官。自衛隊員。犯人。外人、等である。有効。

喧嘩とは、殴る蹴るの肉体力行使のことであるから甲類は五分の勝負ということはあり得ないが、これがとことんまで行けば命を落とすというケースが一番多いかもしれない。女房ないし恋人に本気で命を狙われたら助からないからだ。毒殺、就寝中のガス中毒、性交中に心臓か延髄をピンで刺されただけで一コロだ。時代小説やアクション小説でよく性交中の男を第三者が襲うという設定があるが、それは女に夢中になって油断をしているからであって、純粋に戦力的にいえば、性交中の男は動物的になっており、アドレナリンの分泌《ぶんぴつ》も多いからふだんより敏捷《びんしょう》で強いはずだ。だから性交中にこわいのは相手の女である。襲うなら射精直後の虚脱状態が来るまで待つべきである。

――そのようなケースも想定しておくべきだから、武人たるもの、射精は二発までにするべきだ。三発発射すると頭がボケて判断力が鈍る。

では次に、乙類および丙類の喧嘩においてカラテはどのように有効か。

俺は半インテリの肉体主義者に突っかけられることが多い。乙類に属す。「やる気かこの野郎」「ぶっ飛ばされるぞ。テメー」といったレベルの喧嘩で、俺はよく論争するから、そのような肉体力行使寸前のケースに出くわす機会が多いが、実際には、内ゲバに近いこの手の喧嘩をやった経験はじつは少ない。酒場へ行かないからである。俺が酒飲みならやっているだろう。殴る蹴る、瓶を振りまわす、皿が飛ぶ、椅子を振り上げるという状態を何回か見ているが、それは酔った友人がやっているもので、俺自身はやったことがない。

論敵に対しては手を出すまいと考えている。理屈には理屈、イメージにはイメージ、術策には術策で応じて済ませている。対等にやるべきだ。相手が教授や芸術家の場合には俺はアタマを使うだろう。すなわち頭突きをぶちかます。フェアだろ?

　論争は論争としてやるべきで、暴力を行使してはまずい原理的な理由は、論理的に正しい方が喧嘩が強いとは限らないからだ。暴力は相手を屈服させるし、そうでないまでも相手を口ごもらせる。暴力で威嚇しておいて、ないしは行使しておいて相手を圧倒したからといっても、即、論理的に正しかったことにはならない。わが論敵に告げるが、すぐ感情的になって、論敵を叩くだの、刺すだの、月夜の晩だけじゃねえだのと言うのはやめてくれよ。明るい晩だろうと月夜じゃない晩だろうと条件は五分だろ。むしろ月夜の晩じゃないほどシロウトには不利で、闇の中で戦うときは、姿勢を低くして下から突きあげる方が有利だといった心得もないくせに、殺し文句も芸のうちぐらいのつもりでやってくれ。

　なお、俺が論争とその結果、決して手は出さないことを誓うかと言われれば、誓わない。出す。出さないと公言してあらかじめ自分の手を縛るいわれはない。出すために練習している。いつまでも綺麗ごとを言っちゃいられねえというときには出す。戦いとは全能力をふるって行うものだし、自分の弱いところではなく強いところを前面に出して行われるものだから、それを反則だと言われては構わない。では乙類のいくつかの相手を検討しよう。同志と喧嘩するのはツライ。つらいどころか思想的な命取りになる。同志と戦うような羽目になるのはよほどのことだから、そういうときにはなるべく譲るようにしよう。

　元同志ないしかつては同一戦線を形成していた者が立ち向かってきた場合には、徹底的に叩いておくほうがいい。つぶしてしまえばなおよい。危険な敵である。近親憎悪的な執拗さがあるし、こちらの戦法も知っている。そのようなケースは左翼運動に固有のものではなく、有史以来の哺乳類としての人類の情ない面であるとさえ思うが、左翼運動の場合には、双方が、世界観を媒介した《確信犯》として対峙する分だけ猛烈である。このような場合、ストリート・ファイトでスカッとケリがつくなら進んでケリをつけるべきである。

　同業者、同類、編集者、出版ジャーナリスト相手の場合。これはショーである。殴り合ってもこれは商業活動かもしれない。それなら、やる羽目になったら派手にやったほうがいい。俺の仲間のルンペン・インテリゲンツィアにあっては、酒場での喧嘩は日常活動と言ってもいいほどだ。飲めばかならず口論をする。十度に一度は立ちまわりもやる。二十回に一回は怪我をするか、ブタ箱ないしトラ箱に入る。どうしてあの連中は好戦的なんだろうね。

　この種の喧嘩のとばっちりが俺のところに飛んで来ることが多く、応じたことはないが、応じることを想定して技術的に検討してみよう。

　武道と喧嘩は別のものだから、武道のテクニックが喧嘩に通用しないという言説があるが、ストリート・ファイトのこのレベルに通用しないような武道はやっても意味はない。ありそうなケースについて述べる。

酔払い相手―足払いで転がすのがよい。上中段への突き、蹴りなど衝激力の強い攻撃は避ける。酔った相手は血管が膨張しているから、ゲロを吐いたり、血を吐いたりする可能性が高い。関節が柔らかくなっているから、転がしても怪我《けが》はしない。立ち上がって向かってくるようなら、立とうとするつど足払いをかける。五回もくり返せばおとなしくなる。

相手が凄んだ場合―なるべく無視する。にらまれたり、ののしられたりしても痛くはない。ただし、相手に視線を射込むという行為は動物でも人間でも戦闘宣言である。やられても文句は言えない。あまり口ぎたなくののしられると、心が汚れ、人格が傷つく。こちらが強い場合、やさしくすごみ返すだけで相手は引っ込むものだが。ほんとに強いやつがやる気になるだけでも、相手は本能的に危険を察知して大事には至らないものだ。

相手が攻撃姿勢をとった場合―他流試合なら容赦はいらない。先手を取る。むこうが強ければ負けるよりない。相手がシロウトの喧嘩好きなら、蹴り技がいい。シロウトはカラテの蹴りを受けられない。

組手をやるようになった当初、俺はまわし蹴りをどうしても受けられなかった。まわし蹴りは一瞬の時間差攻撃である。膝が横に上がる。腰がまわる。軸足が回転する。膝が上がるのは見えるからこれを取りにいくと、横なぐりに飛んでくるスネから下に蹴られてしまうのだ。横に逃げてもまわし蹴りは受け切れない。うしろに下がるとかえって絶好のレンジに入ってしまう。やられているうちにコツが分かった。誘い出されずに、相手が攻撃してくるところをガードして待っていればいい。さらに慣れると、来るなと思ったとき、一歩踏み込んで、膝より内側に入ってしまう。これで効かない。原理的に言っても遠心力で来る技には内ぶところに飛び込めば威力はなくなる。飛び込めるようになったら、相手の軸足を刈るか、軸足の反対側の肩を押すだけで相手はバランスを崩し、こちらのチャンスになる。分かっていてもシロウトにはこんなまねは出来ない。ふっと足が上がって、ビョンと横なぐりに来る蹴りを受けられるものではない。まわし蹴りだけではなく、カラテとキックボクシングのすべての蹴り技はみなスナップの効いたもので、蹴るということを、棒のように足を上げて踏みつけるくらいにしか使用できない者には、ほんものの蹴りでやられた場合、自分が何でやられたのか分からないといったものだろう。だから蹴りで攻める。それもなるべくまわし蹴りがいい、前蹴りは危険である。靴をはいているから、かるく蹴ったつもりでも靴先が腹に食い込んで悶絶させかねない。まわし蹴りなら当っても靴の甲である。どこを蹴るかといえば、当てないで済むのではないかと思う。風圧だけで戦意を喪失してくれればいいのだが。頑固なやつには構えた腕を蹴ればいいだろう。かならず尻込みするはずだ。こちらが腹の虫の治まらないときには、太腿に下段まわし蹴りを入れるくらいはやる。これで一週間はビッコをひく。

相手が殴ってきた場合――心得のないものは、右利きの場合、右パンチがフック気味に顔面に来る。喧嘩慣れした者は牽制の左パンチを使う。分かっているので受けるのは容易だが、不覚にも殴られてしまったところで、大したことはないだろう。カッと頭に血がのぼって、利き腕で、憎い相手の顔面をひっぱたくというのが人間の行動である。カッとなってつんのめるように殴ってくるパンチは、下半身が不安定だから効かないのである。ドシッと腰を据えて牽制パンチを出して来るようなやつはプロだ。

「シロウトがカッとして手を出してきたら、どうってことないから、一発くらいもらっておいてもいいよ」

「どうしてですか先輩？」

「こっちも燃えて、気持ちいい。一発くらい入れさせてやれ。どうせ勝つんだからさ」

極真にはこういう実戦向き猛者がごろごろいる。先に手を出させておいて、正当防衛を主張するといった底意があるわけではない。カッと燃えて心底戦うことが好きなのだろう。

相手が蹴ってきた場合――カラテマンに蹴りかかるのは危険である。蹴り技はカラテマンの誇りだからだ。手は喧嘩、足は芸術と言われる。思わず手が出るということはあるが、思わず足が出るということはまずない。蹴り技は鍛えねばならず、意識的にコントロール下に置かれて武器になる。だからシロウトの喧嘩自慢に蹴られでもしたらカラテ家は怒る。技が出る。足技は足で防ぐ。足の力は手より何倍も強いので、蹴りを手で防ぐのは利口なやり方ではない。帯より下の蹴りは足で防げと教えられる。だから、カラテ家は相手の足が上がるとみるや、自分もスッと足を上げ、蹴りは蹴りを打ち合って防ぐように訓練している。カラテの試合では、たがいにまわし蹴りと前蹴りを打ち合うというのは基本的な駆け引きである。そういう訓練をしているから、シロウトがカラテ家を蹴るのは危険だ。攻撃技は手加減が出来るが、防衛の技は手加減が効かない。

相手が瓶なり椅子なりエモノを持った場合――これは楽だ。瓶を握った敵は瓶でしか攻撃してこない。そして瓶を持った者のほうがこわがっている。自分が武器を持ったという引け目があり、武器の威嚇によって相手がひるんでくれないかと心の隅で願っているからだ。しかしエモノを持った相手に悠長なことを言ってはいられない。ズバッと決めるよりない。

エモノを持った相手をあしらう心得は、他人がやり合っているのを止めるときに有効だろう。瓶をもぎ取ることはかんたんだ。瓶というものはほとんど濡れている。中身がこぼれるし、温度差で汗をかくし、瓶を握った手自体が汗ばんでいる。ひょいと取れる。たとえ相手がもぎ取られまいと握りしめていても、摑んでいる首は細く、むき出しの胴は太い。トルクの原理からいってもひょいと取りあげるのはかんたんだ。

相手が複数の場合――まず強いやつから片づけ、リーダー格から片づけ、あとは一人ずつ確実に倒すよりないだろう。やったことはないが、カラテマンの場合、相手がシロウトなら初段で同時に十人、二段で二十人を相手取って勝たねばならないとされている。げんに極真では初段取得のために、同格の者十人と連続して戦わねばならない。二段は二十人、三段は三十人である。同格の者二人に同時にかかられたら勝てっこないが、次々に連続十人なら何とかやれるのであり、げんにやって黒帯になるのであり、百人組手を完遂した強豪だって七人いる。同格の者十人と連続して戦えるのなら、シロウト相手の同時十人もどうということはなかろう。十人がバッタのように飛びついてくることはないし、結局一対一の連続だから、一人二秒で倒していけばいいだろう。しかもカラテの十人組手と違って、一人一人の闘志と戦闘力が均質ではないから、十人倒す必要もないだろう。ただしこちらも相当食らう。夢中になった相手が操り出すカウンター攻撃は予測出来ない（指導員クラスでも初級者の反撃を二発ほどは食らうことがある）。しかしモロに急所を打たせることはないから、そのくらいの耐久力は身についている。むしろ喧嘩のテクニックとしては、相手の強いやつを徹底的に痛めつけ、戦意のないやつを労って、相手の意志をバラバラにしたほうがいい。

相手が意図的に襲ってきた場合——逃げる。逃げられなければベストをつくすより仕方がない。喧嘩にはルールがない。ルールがないから喧嘩だ。相手が武器を持てばこちらも持つ。なければ奪って逆襲する。

2　そんじょそこらの喧嘩の勝敗

以上、乙類相手の喧嘩を記述し、喧嘩のこのレベルで格闘技は決して無用ではないことを述べた。特殊攻撃は必要ではない。逆だ。テクニック的に言えば、いかに一般的な技を制限して用いるかに留意せねばならず、これを武道の立場で見ればこのような喧嘩は技の進歩に大して役立たない。つまり武道的な価値は少なく、喧嘩屋の立場で見れば、弱い方が大怪我をしたり不具者にならないのは、一方的に強いやつの側の制限、すなわち自制心、寛容さ、慈悲心に頼っていることになって、闘争本能の強化と解放には役立つことはすくない。

情ない話だが、喧嘩はこのレベルですなわちたがいに相手の職業と興味と性格を知り合った同類間で行われることが多く、かつ、この喧嘩は身にこたえるのである。勝たねばならない。

こうした喧嘩の一般的経過を要約して示す。

決定的行為は殴るということである。

それはちょうど女性性器を露呈してやることが一連の性的行動において決定的であることに等しい。

これは俺だけの感受性かもしれないが、ほんらい単純な男である俺の価値体系では次のように日常的諸価値が反応し合っているのである。

一喧嘩——一マンコ

一論争——一恋愛

一出版——十ホームラン（王貞治選手は頑張って一シーズン五十ホームランであり、俺は頑張って年間五冊である）

一同志——五絶交

一分野――一家賃更改（そのたびに俺は思想的な一分野を拓くという過去の実証がある）

それほど喧嘩は人間の身心に大切なものであると言いうる。その喧嘩において決定的行為は殴るということなのだ。そして殴打が喧嘩のはじまりであり、華であり、終りであるのがシロウトの喧嘩だ。殴るまで、長い長い、面つきあい、いやみがある。それだけで終ってはいかに激しい罵りあいの応酬があっても喧嘩とは言わない。「いさかい」とか「喧嘩別れ」と言うのではなかろうか。

それだけ前哨戦をやっておいて、殴打は一発なのである。殴ったほうも殴られたほうも肩で息をして、殴られた方は友人に止められながら、やらせろと眼を血走らせているが、内心ではこれで一つピリオドが打たれた、止めてもらいたいと思っていて、殴られ損なのだ。俺にはよく分からないのだが、日本人はなぜ殴られた方が止められるのだろう。それは喧嘩をこれ以上拡大したくないというまわりの者の臆病風ではなかろうか。最近の二十代の喧嘩にはこれが多い。

実際、殴られた方も反撃し、五発ばかりやり合って、通行人が逃げまどうか、店の備品が壊れるようなら大喧嘩だ。このスケールでは五分後に駆けつけてくるパトカーの以前に、双方を逃がさねばならない。

　儀式的な殴打一発でピリオドが打たれる喧嘩なんてもったいないではないか。殴り合いの精神浄化作用、反省を通じて深まる思想、戦い抜いたという充実感から来る自信など、暴力のよき側面から男が磨かれるチャンスなのに「殴《や》ったぞ」「殴られたぞ」という符牒《ふちょう》の交換以上には、実質的にはさして痛くもない喧嘩をやるだけでは、身心論の立場からも損ではないか。その点、徹底的に喧嘩するのは俺の友人では豊浦志郎である。気持ちのいい喧嘩をする。酒場で一回、路上に出て一回、場所を変えて一回と三ラウンドは戦うようだ。喧嘩は見たことがないが、彼はアラスカ・エスキモーに「ダーティー・ファイター」と言われたそうだ。記録映画『バスタード・オン・ザ・ボーダー』撮影時、メキシコ国境のティファナの町で、メキシコ人の肩に手を乗せてスペイン語でおどし、相手がふるえていたのを布川徹郎らが見ている。「度胸がいいな」と言うと、「チカノスはナイフを出すまでは平気さ」と答えた。喧嘩は度胸でやる。度胸は場数で培《つちか》う。原則通りのやつらだ。

　つい先日、石黒ケイのシングル盤吹込みのスタジオを空け、彼女を伴って新宿で遊び、音楽愛好家の集まる店で彼女は嫉妬まじりにニューミュージック系の女経営者にからまれた。石黒ケイは気立てのいい娘で、そらさずに相手のいやみに応えていたが、たまりかねてわれわれが相手の女を叱って謝罪させたことがあるが、ニコニコして見守っていた豊浦のセリフがいい。

「ケイさんよ、いつあんたがコップの水ぶっかけるのかと楽しみにしていたんだがなあ」

豊浦志郎という男はほんとに度胸がはまっていて悠々としている。喧嘩やっても俺より強いかもしれない。

ではこの機会に女の喧嘩を論じる。

大山倍達館長は女子部員に、「痴漢などは人間のクズだから半殺しにせい。そのくらい痛めつけておかないと、他の女性が襲われる」と教えている。

技は極真カラテの応用で、目突き、キンケリ、肘テツなどの強化と、ハイヒールの踵による足の甲刺し、ハンドバッグのとめ金による目こすり、口紅やボールペンによる喉仏刺し、という小道具を使ったものだ。これは演武とか写真撮影用で、じっさいにはふつうにカラテの練習をしているのだが。

俺はもっと陰険なやり方を考えている。すなわち甲類の格闘技化であるが、女が姦《や》られる気になって身を捨てればかならず男に勝てる、たとえば——

（1）鼓膜破き。男が胸に顔をうずめてきたとき、両手の掌で両耳に蓋《ふた》をするようにかかるくポンと叩けばいい。
（２）髪の毛目こすり。
（３）マニキュア目玉刺し。キスを許したふりをすればたいがい目をつぶるから、まぶたの上から爪を立てる。
（４）男根ズリ抜き。怒張した男根なら確実だろうが、がっちり摑《つか》んで下段突きの要領で皮を腹の方向にしごく。うわっ、痛そうだ！
どうも俺の考えというのは、武道というより忍法だな。乙女の技ではない。

３　丙類の喧嘩——闘争本能への接近

ケース・スタディの前にイメージでいこう。これが喧嘩らしい喧嘩だ。これで勝てなければ武道など修身と大差がない。殴る、蹴る、投げる、しめる、ぶちまかす、嚙みつく、もみあうといった素手の格闘の原初的姿があらわれるのはこれで、この喧嘩では、なまじの格闘技では勝てないこともある。素手だけではなく、モノも出てくる。ナイフ、ベルト、ボールペン、傘、石ころ、上着、コップの水、棒なども出てくる。

職種によって喧嘩のやり方が違うし、喧嘩の終了点も違うし、それでも日本人同士なら勝ち負けが決まる喧嘩の終了点はだいたい暗黙のうちに決まっているが、異民族・異国人の場合には皆目わからない。

この喧嘩は市民生活の摩擦によって生じるのである。足を踏んだとか肩が触れたとか、口の利き方が悪いとか、些細《ささい》なことで激発するのであり、何が原因で激発するかしれたものではない。職業や、その瞬間の位置関係で、理由もなく憎み合い、はじまることもある。タクシー・ドライバーとその客、アベックとそれをからかった者、などだ。制服を着たやつを見ただけでムシャクシャして喧嘩を吹っかけるやつもいる。そしてほとんどが因縁とか、私怨とか、伝統的な対立とかの前提的原因はない。相手がゴロツキで、喧嘩が生活手段だということも多い。

相手に対する前提的知識もない。対峙した瞬間、強そうだとか、でかいやつだとか、仲間がいそうだとか、そういう要素でたがいに攻撃をするのを控えてやらずに済む場合もあるが(あるいはその方が多いが)、たがいにこわいし、相手の実力を測りかねるために、はじまってしまえば数合《すうごう》の応酬になる。この喧嘩は武道の試合とは次の点で違う。

(1) 場所が限定されていない。リングはない。平面とは限らない。明るいとは限らない。

水中かもしれない。

(2)審判がいない。

(3)観客がいない。観客と野次馬は違う。

(4)重量、年齢、人数の制限がない。

(5)ルールがない。

(6)禁じ手がない。

(7)開始、終了の合図がない。

(8)言語による駆け引きがある。

威嚇の技術に長けたものがいる。ヤクザだ。口のうまいものがいる。自分の社会的位置をちらつかせたり、背後関係を匂わせたりしてあらかじめ相手の戦意を塞ぐことも一つの戦法である。石で殴りかかってきたり、石を投げたり、土を掴んで目つぶしをくわされるかもしれない。負けたと見せて不意をつく者もいる。女こどもを盾に取る卑怯なやつもいるだろう。この種のストリート・ファイトではシロウト同士の場合、大声を上げたり、武者振りついて押し倒したりする者の方が有利だ。下になることは敗北である。相手がどんな人間だかわからないから、倒れたくらいでは勝ったとみなせず、職種によっては、武術の心得はなくとも強烈な攻撃力を持っている者もいる。筋肉労働者の腕力は強い。サッカー、ラグビー等の球技の選手には下手な格闘家より強い者もいる。丙種に掲げたすべての例について検討するわけにもいかないが、いくつかの典型例を考察すれば、

ヤクザ――威嚇と駆け引きのプロである。刃物を持っていることも多い。そして経験を積んでいる。

その戦闘力を武術の水準で見ると、道場に《商売柄》入門して来るものがあるが、そんなに強いわけではない。ヤクザの入門を歓迎する道場は極真くらいだろう。館長は真人間にしてやるから歓迎すると言っている。ただし、ヤクザがヤクザのまま武道家になることは出来ない。稽古をやるうちにまともになるのだ。下からねめまわすような目つきや、不貞腐《ふてくさ》れてカラテをなめたような態度を示す者に対して、指導員が対戦することがあるが、武道家に対してはヤクザはまるで問題にならない。「喧嘩のつもりでこい」と言われてかかっていって、ダンボールをつぶすようにやられてしまう。威勢はいいが我慢力がなく、自分より強い者にはたちまち意気地がなくなる。俠客《きょうかく》と言われるような人はそれなりの信念があるし、死に場所を心得ていることになっているからそうでもないのだろうが、町のチンピラ程度のものは、やはりヤクザな人間だとしか言いようがない。

この世界でまさに極真カラテは喧嘩カラテなのである。生き生きする。この場面での極真カラテの実戦向きぶりを示す二つほどの理由がある。

第一に技が豊富で、その技を直接打撃制（フルコンタクト）の練習方法で使いこなしを知っていることだ。離れて強く、接近して強く、地を転げまわって強いのである。肘打ち、膝蹴りなどの接近戦用の武器はふだんから直接打撃制の訓練で使いこなしておかないと咄嗟《とっさ》に使えるものではない。さらに直接打撃制の利点はタフなことだ。打たれ強くなっている。上段まわし蹴りに対するガードがあまく、蹴りの威力で受け手をふっ飛ばされたにしても、顔と相手の蹴りの間に掌一枚入っているだけでもダウンを免《まぬか》れたり、突きや前蹴りをもらったが腹をへこませるだけでも打撃に耐えられることを知っている。巻き藁やサンドバッグ相手ではなく、人間相手に組手稽古をすると分かる。人間は動く。動くというのは、空間を移動するというだけでなく、受け技を使い、反撃もしてくるということである。

逆の例がある。フェアハット・ファルセドという《トルコの獅子》と仇名《あだな》される選手がいて、彼はドキュメント映画『最強最後のカラテ』で自分の腹をマイクロバスに轢《ひ》かせてみせた。この強靱な腹筋力を持った選手が、過日の大会で北欧選手の前蹴りを腹に受けて一回戦でKO負けしている。どういうことなのか？

彼は呼吸をつめて、腹筋に最大限の力を込めてマイクロバス前輪に腹を轢かせた（駆動輪で可能かどうかはむずかしい）。常人には出来ない技だが、それだけならレスラーやボディビルダーにも出来るだろう。マイクロバスに轢かれても平気な彼がなぜ蹴られて倒れたのかというと、呼吸の継ぎ目を攻撃されたからだ。またカラテの蹴りはバスのタイヤより当たる面積がはるかに小さい。倒れてあたりまえだ。思うに彼の敗因は、極真カラテのトルコ支部の歴史が浅く、実戦組手主体の稽古法が完成していなかったことと、バスをも跳ね返す腹筋力を力自慢的に過信して防御を怠ったからだろう。

喧嘩カラテが喧嘩向きの第二の理由は、さきの技とその使いこなしの実戦的な豊富さとは逆に、一つ技に威力があることである。相手が多数だろうが、モノを持とうが、中段突き一本で、その他は使わず、仕留める威力があることだ。

極真カラテはこの両方の面を併せ持っている。喧嘩がロマンだと思っている者もいるしね。

党派活動家──対党派活動家ないしそのくずれに武道家がどう対応するかというテーマは、じっさいにそのようなケースがないから予測するだけだが、彼の集団原理に対し、我の一人狼原理をもって、よき敵ござんなれと挑んでゆくだろう。極真の道場に党派加入、フラクションヨン加入というケースはない。ぜんぶ個人である。かつて某政党がフラクション加入をした例があるらしいが、猛稽古のるつぼでフラクションが解けた。個人の能力の極限に挑む武道と政党のフラクション活動は本質的に合わないところがあるのだろう。

外人――ピケットラインで一度、三人の外人（白人）とにらみあったことがある。このときはこわかった。米軍人ではなく、ふだんは同じ職場で働いている外国人たちだったが、にらみあったその瞳が、単色のブルーやとび色ではなく、細かいモザイク状のしぼりになっていて全体として色目に見えるのだと分かったとき、かれらが何を考えているのか分からなくてこわくなった。外国人は日本の企業の労働争議には介入しない。だから手出しはしなかったが、言葉がうまく通じないで感情をむき出しにして向かい合ったときはこわいものだ。このとき日本語で話しかけてこちらが心理的優位を得た。

腕力沙汰にはならなかったが、喧嘩とは全体的なものだ。下手な英語を使うと向こうが心理的に優位になり、日本語に切り換えるという点に勝負の鍵があったのだ。こういうことはどの武術の教科書にも載っていない。やってみなければ分からない。

警官や軍隊相手には、喧嘩ではなく、「革命」とか「戦争」のテーマなので考察を遠慮する。ただし武道はその領域に通じないということでは決してない。戦争とカラテの関係を大山倍達館長は考察しているのであり、げんに極真カラテ以外にも、マーシャルアーツというのは直訳どおり「軍隊の格闘術」であり、これは系譜から言えば韓国のテコンドー系の武術であるが、極真カラテと渡り合うまでに力をつけてきているという事実がある。

喧嘩即武術ではないが、喧嘩はかなり極真カラテの本質に近いのではないかと思う。喧嘩は、ヤクザのように直接の経済活動である場合も、乙類のように間接的な利害活動である場合もあるが、それを離れて、より下方の、闘争本能の発現という側面、すなわち戦うことが存在することである生き方の貫徹という哲学的な性格も持っているからだ。それでなくてはとてもあれほど喧嘩が人人の興味を引くはずがない。

げんに喧嘩はアイデアの花である。自分で出したアイデアを実現し、それで勝利することは人間性の解放とさえ言える。喧嘩がいいのは、五分だと言うことだ。この野郎と喚いて摑みかかる瞬間に、階級的優劣、知的優劣なんてものがふっ飛ぶ。喧嘩が術として体系化されているとは思われないし、喧嘩上手と言われる人々も、武術の一手か二手を自己流にアレンジして使いこなしているだけだと思われるが、それでも喧嘩上手のなかには小気味いい喧嘩をする者がいる。

自分が上着を脱ぎ、つられて相手も上着を脱ごうとして袖が後ろにまわったすきに二、三発ぶん殴って逃げるやつがいる。わざと固い壁面まで追いつめられ、相手が顔面を狙って大振りしてきた途端かわして、相手はコンクリ壁を殴り、手を抱えてうずくまるすきに腹を蹴って逃げるやつがいる。コップの水、布、新聞紙などを相手の顔にぶつけて目つぶしにし、殴って逃げるやつがいる。椅子に座った相手を椅子ごとひっくり返して踏んづけて逃げるやつがいる。キンタマ攻撃専門のやつがいる。頭突きの上手いやつがいる。

そして、相手の衣服をズタズタに引き裂くことに方針をしぼり、やられたほうはとてもそのままでは町を歩けず、洋服代もバカにならないという知能犯めいた男もいた。概して喧嘩上手とは逃げ上手のようだ。

この種の喧嘩上手になまじの武術が通じるかどうかはあやしい。ペースに巻き込んでしまえば正規に格闘技をやった者のほうが強いが、呼吸を整えているうちに相手に逃げられてしまう。極真カラテは大丈夫かって？　ははは、そんなことばかり考えているやつや、情報交換をするものがいくらでもいるからね。

大山倍達、いわく。「わたしはよく弟子たちに、

『きみたち、ケンカをしろ』

とハッパをかける。天下にゴマンといる先生のなかでも、生徒に『ケンカせい』と煽る師は

そうザラにいるとは思われない。正面切ってこんなことを言うと、ＰＴＡあたりの教育ママさん方から『まア、何てことザマしょ』と猛烈な突き上げを食いそうだが、真意を読みとっていただきたい。わたしは何も弱い者いじめをしろと言っているわけではない。（中略）他人に迷惑をまきちらす無法者には、たとえ『売られなくてもケンカせい』と叫びたい。ことに相手が大男であればなおさらであろう」（『日々研鑽』）

4　闘争本能論

極真カラテの魅力は何か、と考えて、その答えの一つはムチャをやることだ。

一九七八年、東孝、佐藤俊和両師範がオランダの夏季合宿を指導しに行ったときの、東孝手記の一節にこうある。

「……最初は、一日外へ出て、全員一緒で基本をやる。一時間ばかり日本式にやったら、みな顎《あご》を出してしまう。向うのトレーニングはあれもやります、これもやりますと、バラエティを主眼にしたデパートメント式だから、日本式の単調な繰り返しに音を上げたのかもしれない。しかし、それに対する不満や文句は不思議と出ない。館長もよく言うように、日本人はいま合理的なものを求めて西欧化しているのだが、欧米人は逆に非合理的なものに憧れてこれをオリエンタルな文化のなかに見出そうとしている。早い話、理に合わない無茶をやりたがるのだ」（『パワー空手』一九七八年九月号）

ムチャをやりたがる衝動というのは全世界の極真カラテマンには共通したものかもしれない。冒頭に述べた館長のエピソード、なに、牛を倒しても新味がないんだと、ならばライオンと闘え、という怒号などムチャの最上級だ。こんなムチャな指導者についていくのかって？　ああ、ついてく、ついてく。

犬殺しの加藤、という先輩がいたことが伝えられている。彼は群馬県の獣医だったそうだ。上京して極真の門を叩き、館長の牛殺しに張り合って、自分も何か動物と闘ってみたくて、商売ものの解剖用の犬を殴って死なせた。白帯のころである。それ以来、「犬殺しの加藤」の異名をたてまつられるようになった。

改造車を乗りまわしていい気になっている道楽息子を見て、ムカッときて、走る自動車《くるま》の前に飛びだしてチョエーと飛び越えた男もいるらしい。これも未公認記録である。この前例をなす公認記録はドキュメント映画『地上最強のカラテ』に東谷巧選手が全力疾走する乗用車を、飛び蹴りで飛び越すシーンがある。車はオペルのはずだ。ドライバーはブラジルに指導に行っている水越真之初段である。草原だからスピードは六十キロくらい出ているか。オペルの全長、全高は国産の中型車よりやや小ぶりという程度で、それなら陸上の選手には飛び越すことは可能だ。飛び上がった下をクルマが高速で走り抜けて行くから数値的に可能だ（可能だから出来たのだが）。では陸上の選手にそんなまねが出来るかといえば、出来ない。スポーツにはそのような度胸試しの必要はないし、意味もないからだ。武道だから出来るのである。東谷選手がやったことだから、その名も知らぬ門下生が、チョエーと、マフラーを外して車高も下げた蟹みたいな改造車なのだろうが、飛び越えたということはありうるが、それにしてもムチャだ。東谷選手の場合には予備練習もあっただろうし、ドライバーの水越選手との呼吸もあっただろうが、街道レーサー相手にそんなわけがない。アンテナも立てているだろうから、衣服の一部でも引っかけたら命取りだ。びっくりしたドライバーが舗道に突っ込むこともありうる。バカなことは二度とよせ、というのは正当な判断と思われるが、そういうムチャをやりたがる気質が極真カラテマンにはある。これも武道精神の発現の仕方の一つには違いない。同じ格闘技でも、ボクサーがそんなことをするとは想像出来ない。かれらからすればただの蛮勇にうつるだろう。かれらは精密機械のような試合ぶりを理想とし、それに向けてコンディション作りと練習内容を消化していくのであってムチャや蛮勇は、あってはならない精神の過剰さだろう。極真カラテには、なにか《サムシング》、他の格闘技にはない野性的な血がある。

それは、上は館長から、下は白帯の犬殺しの先輩まで一貫してある。そのムチャぶりを一層突っ込んで述べると、大山倍達はげんにゴリラとも戦って勝っているのである。ローデシア支部長イアン・ハリスの邸宅に招かれたおり、バロンという家飼いのゴリラと戦った。そのゴリラはイアン・ハリスの娘を抱きかかえて、檻《おり》から逃げ出て、広間を散歩中だったところに戦いを挑むマス大山。

「人間が相手の場合よりむしろ足取りは軽かった。と言えば、奇異に思われる向きもあろうが、とにかく、対戦者を倒した後に必ずと言っていいほど襲われるたとえようもなく佗《わび》しいあの虚無感を味わう必要はないからだ。私はきわめて単純に勇躍していた。(中略)私はゴリラの一メートルほど前で足を止めると、いきなり、相手の動きより先に、右の正拳突きを力まかせに繰り出した。この際、手心を加える必要はない。(中略)

さすがにゴリラは倒れなかった。

背丈は私と大体同じくらいだが、幅ときたら三倍はある巨軀《きょく》なのだ。ゴリラのバロンは大きく身をよろけさせただけで踏みとどまると、牙みたいな歯をむいて襲いかかってきた。

私は丸太のようなその腕を左右の正拳内受けで跳ね除けると、相手の内懐《うちぶところ》深く大きく一歩踏み込みざまにジャンプしながら、右の膝蹴りをゴリラの下腹部に蹴り込んだ。蹴ったこちらの方が痺れるほど強烈な手ごたえがあって、さすがに、今度はバロンも完全に腰砕けとなったと思うと、そのままドスンと尻もちをついた」（『ケンカ空手世界に勝つ』）

しばらくしゃがみこんでバロンは自分から檻に入ったのである。

ゴリラと戦って勝った大山倍達は、その後、ゴリラの欠点を指摘している。

「私の空手のことを、ゴリラの空手と悪口を言っている人もいるようだが、これほど大きな誤解はない。ゴリラは腕は強いが、足の力はあまりない。ゴリラが何かを蹴とばしているのを見た人はないはずだ。ゴリラは満足に二つの足で立つことも出来ないほど足は弱く、しかもその手も正拳に握ることは出来ない。正拳を握ることが出来るのは人間だけであって、それも秀れた空手家のみである。極真の空手をゴリラの空手という人は、あの人たちは強いには強いが、ゴリラのようにいささか頭の劣った奴だと思っているのかもしれないが、頭の程度はともかく、われわれの足は最も人間的、いや人間を超えて人間的な足と私は自負している」（『パワー空手』一九七八年十月号）

ゴリラの技術を批判できる人間は大山倍達しかいないということが分かったか。談笑中に館長に質《ただ》してみたところ、いわく。

「動物の急所は分からないからね。しかしゴリラなら、だいたい人間と同じだと思った」

正拳は最大の急所たる人中（鼻の下）を打ち、膝で下腹部を蹴ったと記されているが、さては館長、ゴリラのキンタマを狙ったな。ただ、このことから人間の戦闘力はゴリラを上まわると結論するのは早計であって、猟銃を構えた人間がいる人間の家のなかで戦ったから勝ったのであり、ゴリラ側の闘志、すなわちバロンが打倒極真カラテの執念に燃えていたはずはないし、仮に、密林で飢えた大山倍達と飢えたゴリラとが一房のバナナを争ったら、ゴリラの優位は動かしがたいだろう。だからゴリラが本部道場に六カ月通ってカラテの技を覚えたら、世界チャンピオンになる可能性はある。

素手喧嘩《ステゴロ》の考察も痴話喧嘩からゴリラ相手までできた。俺は弱い極真カラテマンであるから、自分の水準にふさわしく、前回でデカルト的ゲンコツ論と、今回で痴話喧嘩、同業者との酒場（あまり行かないが、行ったことにしておく）喧嘩などの、技術としては低レベルの次元においても、極真カラテが武器として貫徹しうるものであることを述べた。実証した、とか実証する、と言いたいのはやまやまだが、まさか同業者の身体で実験するわけにもいかない。

極真カラテの歴史は浅い。大山倍達館長が、諸流のカラテを学んだあと独立してから三十年ほどの歴史しかない。しかしこの短い時間のうちに、これほど他流試合を行い、同門の内部で試合をし、異種格闘技戦はおろか、人類以外のものと異類の格闘を行った武道は古今になかろう。またこれほど短期間に世界を一まわりした武道もない。支部道場がないのは、ソビエト、中国、香港、タイ、韓国、北朝鮮くらいである。ソビエトにも近々支部結成を見るはずだ。東洋の諸国に支部道場がないところは、中国拳法、テコンドー、タイ式ボクシング等の、カラテと同系の組織だった武術がある国々だ。これほど多くの名手、強豪、拳勇たちを生んだ武術もすくないだろう。

試合経験においても、空間においても、人材においても、極真カラテは他の追随を許さぬ豊富な実証とデータを持っている。ムチャをやる精神も燃えている。素手の闘いのどの次元においても、極真的なものは武道として貫徹しうるのであるから、商業主義の土俵に上り、ショー的格闘技の世界に上っても、なおかつその世界で武道が武道として貫徹しうるはずだ。ウイリー・ウイリアムズがアントニオ猪木と戦ったことは、断じて極真的なあり方の一つであって、そのような商業主義との接点は武道の本質を見失うという《正論》で、極真のダイナミズム、闘争本能、ムチャをやる精神を冷やすべきではないと思う。プロレスとカラテがやりあって、勝てばいいのだ。

いま極真カラテに過渡期がきた。静かにしていたらやって来たのではなく、猛烈にやるうちに過渡期がきた。その時点が昨年の第二回大会とウイリーVS猪木戦で、極真カラテもミソをつけた。そのことを、大山倍達館長は、自分が一番悪かったからだ、と言っている。最新著『日々研鑽』から飛び飛びながら引用する。

日本勢の実質的敗北という「このような惨状を招いた原因は多々あると思われるが、真っ先に挙げなければならないのは、わたし自身の指導の至らなさであろう」

基本型の乱れ、および指導方法の不統一について「だが、わが不徳の至すところ、昇級・昇段審査時に、全員の型を懇切丁寧に見ることは、ほとんど不可能に近い。いま〝不徳〟と記した。しかし弁解するわけではないが、昇級・昇段審査において、わたしは二百名ないし三百名を一時に採点しなければならない。良きにつけ一人一人に目をこらすことや、悪くいえばウの目タカの目になってアラ探しすることは、すこぶる困難と言わねばならない」

「弟子の教育・養成は、武芸者を自認するわたしにとっては、第一義とされるべき仕事だと言えよう。が、極真会館の規模が増大し、〝経営者〟に押し上げられたマス大山には種々雑多な用件が待ち構えている」

「海外百ケ国を超える国に、七百万を超える極真カラテ人口を誇るとはいえ、本部自体はまだまだ微弱で〝命令系統〟など完璧とは言いがたい。極真会館本部は企業でいうなら、背後《バック》に巨大な資本を抱えた大企業の足元にもおよばず、かといって明日にも雲散霧消してしまいそうな零細企業でもないし、いわばその中間の中小企業である。わたしはそこの社長さんだと言えよう（お人好で他人にだまされやすく、経営の才覚などいささかも持ち合わせていないわたしが、東奔西走する様を想像していただきたい。けだし滑稽であろう）」「もっと時間があれば……たとえ自身、齢五十の峠を越えたとはいえ、もっと数多くの機会、普段の稽古で第一線にとどまり、弟子たちの先頭に立つことが出来た！　武芸者であれば、これぞ究極。これ以外何もしなくても可」

「組織の動力の怖さをいまさらながら痛感するとともに、自身深く反省すべき点である」

「飛躍的に海外に伸びていった反動かもしれない。過渡期ゆえの停滞かもしれない。

批判は甘んじて受けよう。

だが弟子よ、わが愛する日本のまな弟子よ。恥辱の上塗りとなろうとも、あえて言おう。

『もう一度、みずからが辿ってきた道を振り返ってみよ』

と。必ずや、日本空手の凋落するやもしれぬ、危機の影が窺《うかが》われるはずである。

いま、わたしは警鐘を鳴らす。

もう一度原点に返れ！　理あらば汲め！」

ゴリラと戦った男がそのように言っている。次章で、武道家としての大山倍達の偉大さを史的展望のもとに据える試みを行う。

大山倍達総裁、指導員、壮年部の仲間たちと一緒に　左から二人目
が著者、五人目が大山総裁（秩父・三峯神社での合宿 1978年）

第六章
実存と暴力

第六章　実存と暴力

※アントニオ猪木VSウイリー・ウイリアムズ戦について大山倍達は次のように回答した。

「……ウイリー・猪木戦は八百長か——結論から言おう。明らかに八百長である。八百長でなければ、猪木はあの日マットに沈んでいただろう。否、死んでいたかも分からない。しかもその結着は三分を待たずについていただろうことを、私は断言する。このことは、現在のウイリーの実力を以てすれば決して難しいことではない。過去私はアメリカにおいて何度かプロレスラーと対戦した経験を持つが、それらはすべてデスマッチであった。そして私はそのすべてに三分以内で結着をつけた。彼らは少なからず傷を負い、なかには重傷を負った者もいた。勝敗を賭けた男の闘いとはそのようなものだ。（中略）

両者は遠からずまた〝再戦する〟という噂がマスコミに流れているが、これこそまた八百長であろうことを、今から私は言っておく。真剣勝負というものは、いずれかが勝ち、いずれかが敗退せねばならぬ宿命を持っているものであり、またそうした戦の中に漲《みなぎ》る殺気は、観る者にもひしと感じられるものである。

敢えて言う。ウイリーや茂が、その周囲にまつわる黒い影を越えてなお、猪木の土手っ腹に風穴の一つも空けていたなら私は、周りからの指摘を待つまでもなく、『ウイリーよくぞやった』と温かい言葉の一つもかけ、即刻破門を解くことも可能であったろう」(「マス大山の正拳一撃」、『パワー空手』一九八〇年五月号)　※［一九八〇年二月二十七日、蔵前国技館］

1　日米間真剣勝負の不可能論

ここまで言えるのは大山倍達ただ一人である。戦った当人二人がのちになって、あれには筋書きがあってね、と言うことは出来るが、本人たちにもここまでは言えない。そこまで言えるのは、一レスラーと一カラテ家の一勝負を越えて、プロレスとカラテの優劣を全面的につけてもいいと覚悟している人物でなければならない。げんに、プロレスとカラテの優劣を本気でつけるつもりなら、レスラーを十五人（この場合は新日本プロレス）出せ、自分も弟子を十五人出す、それで「土手っ腹に風穴」の空けっこをやってケリをつけるという主張を大山倍達は持っていた。その覚悟と、いま一つ、プロレスラーとの真剣勝負をやったものが大山倍達自身だということだ。なぜ、大山倍達のみがプロレスラーと異種格闘技戦をやり、現在は出来ないのか、という問題はきわめて重要である。なぜか？　まず四年前の猪木VSアリ戦を検討してみよう。

猪木VSアリ戦の構造——猪木VSアリ戦には筋書きはなかったと思う。だから八百長ではない。八百長ではないから凡戦だった。そして、それは真剣勝負を回避したのではなく、やりたくても出来なかったのだ、と解する。理由は、日米問題である。

一九七六年六月二十六日、日本武道館で、猪木とアリの異種格闘技戦は行われた。試合経過は一ラウンドから最終ラウンドまで終始、猪木がのちに《アリキック》と命名されるに至った転がりまわし蹴り、ないし滑り込みまわし蹴りでアリの左足を蹴り、蹴ったまま寝転び、「カマン、カマン」とアリを挑発し、アリは飛び下がるか、下段払いみたいな形で蹴りを防ぎながら上から「ヘーイ、イノーキ、ガール」（「やい猪木、女の子のようにオネンネ好きめ」といった意味）と喚いてはフットワークを見せる、というシーンが続いた。それでおしまい。引き分け。その結果、プロレスファンに毎度おなじみ『東スポ』七月七日号によれば、アリは帰国後サンタモニカのセント・ジョン病院に入院し、見舞いに来た次期挑戦者のケン・ノートンとともに記者会見を行い、席上、次のことが医者から発表されたのである。

「左足筋肉の重い損傷、内出血による重い貧血、両ヒザの表面近くのいくつかの小さな血栓、左足全体の血管の損傷など足がガタガタになっている。ここで無理すればボクシング生命を失うことになる」（主治医ロバート・コンチェック博士談）

文字で書くと、あるいは足は上半身を移動させるだけのためのボクシングの水準では重傷のように見えるが、要するにローキックを食ったあとの典型的なまでにあたりまえのダメージで、カラテマンに言わせれば、なんだあれか、というダメージである。ローキック食って、足がはれて、血まめがいくつか出来て、びっこひいてるだけなんだろ。

カラテやタイ式では足が武器である。足で攻撃し、足で受ける。だから足の鍛えかたが違う。このくらいのダメージはあたりまえでケロリとしているが、足の攻防というものがまったくないボクシングではそれは重傷であり、そのように選手が重傷を負うほど、猪木VSアリ戦は「シリアスな闘い」（アリ談）だったのだ。その勝負は面白かったか？　全然面白くなかった。なぜか？

すべての技が、ボクシングでも、レスリングでも、カラテでもなかったからである。レスラーの寝転びまわし蹴り対ボクサーの下段払いなど見て面白いはずがない。ボクシングに下段払いはない。ベルトから下の攻撃がないボクシングには必要はないからだ。アリは足を蹴られるから手で払ったにすぎない。寝転びまわし蹴りという技はプロレスにもカラテにもない。そのとき以来、アントニオ猪木は《アリキック》ないし《延髄斬り》というプロレス試合中の奇襲技として用いるようになったが、それはプロレスの技の一つに組み込まれてから見せ場を作れるようになったのであり、モハメッド・アリとの対戦時には技と呼べるようなものではなかった。

走り書いておくと、プロレスは一つの攻防の体系なのである。この体系のなかに入れば、嚙みつきとか、後方股間パンチとか、目こすり、耳そぎといった、技とは言えないものも、技としての見せ場を作ることが出来る。

ボクシングとレスリングの試合が、ボクシングでもレスリングでもないものに終始し、かつ、瞬間的に、猪木がアリに組みつくことに成功した途端、つまりレスリングが成功した瞬間にはアリは硬直してロープに摑まり、アリのジャブが襲ってきた瞬間に、つまりボクシングが成立した瞬間には猪木は凍結したように動けなくなった。これはそれなりに八百長試合ではなかったからだ。アリの右ストレートと猪木のバックドロップが応酬されるというシーンは、演出したくても、やりようがなかったのである。かくして猪木VSアリ戦は、真剣勝負をやりたくてもやれず、八百長で見せ場を作りたくてもやれないというトコトン中途半端なまま、当人たちはまじめに、レスラーの寝転びまわし蹴り対ボクサーの下段払いの応酬というレスリングでもボクシングでもないものに終始し、これが一九七六年段階の日米の《真剣勝負度》の水準であった。

猪木VSアリ戦は八百長だ、という大方の声のなかで、八百長ではなかったと言い切ったものは俺の知る限り野坂昭如のみである。彼は『週刊朝日』七月九日号「野坂昭如のオフサイド76」に観戦記を寄せていて、猪木がなりふり構わず右の寝転びまわし一本やりでアリを倒すことに徹した真剣さが、単調な攻撃ににじみ出ていて、ある種の感動を呼んだ、と述べている。正しいと思う。両選手の芸のなさが、逆説ではなく、感動的に見えたこともあった。寝転びながら、顎を引き、手で顔面をガードし、キッと恐ろしい目付で相手をにらみつけながら、しかしやはり寝転んでいるアントニオ猪木の表情には、双方の戦い方があまりにも異質であるために筋書きを作ることも出来ず、裸で向き合ってしまった二人の闘技者のたがいの、相手に対する恐怖感は伝わってきた。恐かっただろうな、と思う。その瞬間に、日本敗戦直後、アメリカに乗り込んでレスラーやボクサーと真剣勝負をして連戦連勝した大山倍達の決死の戦いというものが、いかにすさまじかったかが分かる。大山倍達のこの蛮勇が東洋武術をよみがえらせた。

ではなぜ、一九五〇年代の大山倍達にやれて、一九七〇年代の日米の異種格闘技戦で真剣勝負がやれなかったのかを分析してみよう。

バイセンテニアルの抑止的本質——猪木VSアリ戦の行われた翌月の七月はアメリカの建国二百年祭の時点である。その前年七五年は日本の昭和五十年である。米建国二百年祭《バイセンテニアル》と日本の《昭和五十年祭》(祭とはだれも言わなかったが)の同致は、日米間に、新太平洋国家構想が求められていた時点である。それは世界一の資本主義国と世界第二の資本主義国の利害再調整の時期であった。

繊維、自動車、そして石油の三つで日米の利害対立は煮つまっていた。そのいずれのファクターでも、これが一九四〇年なら、日米戦争に突き進むまでの軋《きし》みを立てていた。ことに石油だ。パラオ島の石油中継基地問題は危機的だったのであり、太平洋戦争開始直前のABC石油封鎖網と状況は酷似していた。

太平洋戦争から日米両国家が受け取った教訓は、太平洋で日米の利害が衝突しても決して戦争をしてはいけない、ということである。日米戦争の回避、これは両帝国主義の至上命令である。

両帝国主義の至上命令は、中国を巻き込んで実現されねばならない。これも太平洋戦争から日米が受けた教訓である。日中は東南アジアおよび太平洋地域で覇権を争わず、という中国側の覇権条項は、帝国主義側にも読みかえが可能であった。太平洋における日米の利害関係が戦争に突き進む前提は、日本と中国が戦争をしていたことにあったからである。かくして太平洋地域における戦争の回避は、日米中三国の囲繞化《いにょうか》にあり、おそらく、この三国の太平洋地域での利害調整はオーストラリアをクッションにして行われるはずである。《征濠論》とでもいった論潮が、たとえば矢野暢の「南進論の系譜」とか越智通雄の「オーストロネシア像の検討」といった論文が発表されたのは七〇年代の中期であった。日米の新太平洋時代の構想は、ミクロネシア独立運動の観点から見ると陽に透かせた葉脈のようにはっきりと見える。

太平洋方面においては日米戦争を回避するという至上命令を抑えて、それぞれの国内体制の再編に向かったのが（一年のずれはあるが）、米建国二百年祭と日本の昭和五十年《祭》の同致である。

合衆国の内の課題としてのバイセンテニアルは、ベトナム敗戦の痛手からいかに立ち直るか、という一点に集中される。

ベトナム敗戦はＷＡＳＰ的世界像の敗北である。この戦争に敗けたことによって合衆国の《ＷＡＳＰ的世界観》（文字通り、白人《ホワイト》、アングロ＝サクソン、プロテスタントを価値の中軸におくニューイングランド的な、つまりアメリカ建国以来の価値観）は消耗した。そのときアメリカ国内では権力移行《パワーシフト》が完了していた。北部より南部の生産力が上まわってきたことであり、ニューヨークよりカリフォルニアに生命力があるとみなされることであり、その政治的な表現が南部の、ことに旧奴隷制地帯の中心であったジョージア州出身のカーター大統領の就任である。そのイデオロギーは、ＷＡＳＰの後退と有色人種への譲歩という一線で形成される。その政策の前線は、黒豹党の武力鎮圧と、黒人上層部の取り込みである。その思想的な表現がアレックス・ヘイリーの『ルーツ』と『ルーツ』をイデオロギー的な中軸に据えた人権外交である。

ことのついでに注意しておくぞ、妻崎研。先月号「ＴＯＫＩＯトキオは宙にまう」は何を言いたかったのだ？　コッポラの『地獄の黙示録』を評して「この映画にベトナム人・アジアが描けていないという輩もいたが」と言い、そのヤカラこそ俺だから注意しておく。読んでも分からないことを書くな。二つ引用しておく。

その一――「この映画にベトナム人・アジアが描けていないという輩もいたが、アメリカが遠くアジアは朝鮮ベトナムで戦争しようが、近く日本が朝鮮台湾満州（中国東北）南方を植民地化したところで、戦争や植民地支配（まして平和時でさえ）を媒介にして異民族社会文化理解が為された試しでもあるというのだろうか」

その二――「建国二百年《バイセンテニアル》、文化、社会基本形ルーツレス・アメリカの一員コッポラがアングロサクソンの先達イギリス人コンラッド、エリオットを意識せざるを得なかった結果、イギリス〈アジア〉観に必定陥り、産業革命の原動力又は上部構造を支えていた新しく豊かな《アジア》観にまで思いを馳せることが出来なかった。論難ではなく、今後の課題である」

どこまでが単純な誤植で、どこからがアタマの混乱なのか分からないこんな文章を校正させられる編集者が気の毒だ。何を言いたいのさ、ほんとに？

引用箇所その一は、戦争やろうが、植民地支配をしようが、もみ手外交をやろうが、帝国主義者には植民地のことは分からない、ということを言いたいのだろうな。どうせ帝国主義者には植民地のことなど分かるはずがないのだから、コッポラを批判する前に、「この日本の地面を少し掘って見ただけで中国朝鮮ベトナム人は元よりアイヌ沖縄社会の死者が魂定まらず累々としている近代日本百年の土壌である」――なんだこりゃ？

日本の地面にベトナム人の骨は一体も埋まっていないはずだぞ。いつ、ベトナム人が日本に攻めてきたのだ？　アメリカに勝ったベトナム革命が永久革命的に日本に波及し、現実に日本にベトナム人の骨が埋まっていたとしたら、おそるべき事態なのだ。日帝とその勢力圏ないし植民地だった国々の人民の具体的関係を問わずに、「朝鮮台湾満州（中国東北）南方」だとか「中国朝鮮ベトナム人は元より」だとか金魚のウンコみたいに羅列するのは、おれたちは加害者で悪かったと罪状を数え上げているように見えて、その実、失礼なのだぞ。妻崎研の羅列の仕方は形式的に失礼なのではなく、本質的に失礼なのである。いいかね、「戦争や植民地支配（まして平和時でさえ）を媒介にして……」という羅列がそうだ。羅列してはいけない。戦争を媒介にすることと、植民地支配を媒介にすることと、平和を媒介にすることはまったく違う。死人の数が違う。

もうすこし細かいことを言う。「朝鮮台湾満州」と点もナカグロもなしに羅列してきて、満州だけ丸かっこをつけて「満州（中国東北）」と表記することはこの男が中国だけに気がねしているからだ。たしか七八年か九年の一月号だったと記憶するが、同じ第三文明社から発行されている家庭雑誌『灯台』に妻崎の中国紀行が載っていて、そのもみ手笑いのヒューマニストぶりに俺は気色悪くなったことがある。百姓の卑屈さである。

論理構造の上では、異民族の社会や文化を理解するという命題を、異民族への戦争も植民地支配も平和外交も相手を理解出来ないという点ではみな同じという命題より重視するというのは頽廃《たいはい》であって、それではキスも殴打も肉体の接触ということではみな同じ、と言っているようなものだ。俺もこの男も同じ地球の哺乳類だと思うといやになる。

妻崎研を含めて、最近ますます不可知論者化しつつある駅前自立派の諸君に告げるが、異国のことや自国のことが分からないのは、方法が悪いのではなく、貴兄らのアタマが悪いのである。引用箇所その二への批判はさらに重要である。まず結論が間違いだ。コッポラの『地獄の黙示録』は悪質な人種映画である。弁護の余地も検討の余地もない。論難あるのみ。「論難でなく、以後の課題である」などと言うな。コッポラのアジア観が、ジョーゼフ・コンラッド『闇の奥』（これはコッポラが映画の下敷にした小説で、この小説が下敷だと指摘したのは『週刊朝日』連載「深夜草紙」における五木寛之である）や、T・S・エリオットの英国流アジア観の延長だからだめで、「産業革命の原動力又は上部構造を支えていた新しく豊かな《アジア》観に思いを馳せることが出来なかった」からだ、と言うのでは、妻崎研はまるでコッポラの影武者だ。産業革命の上部構造を支えていたアジアって何だね？　まあいい、下部構造の誤植だとしておこう。西欧資本主義の発展は、剰余価値法則のみによるのではなく、植民地からの掠奪によるという理解はまさに正しく、経済史論の分野で、カリブ海の革命家たちや、台湾の載国輝《タイクオホイ》などによって展開されているところであるが、仮にそのような視点をコッポラが持っていたら、彼は革命的な映画作家になってしまう。

妻崎研は、かつて一度注意しておいたにもかかわらず、バイセンテニアルが全然分かっていない。彼はかつて、一九七八年三月号の『ニューミュージック・マガジン』誌上の書評欄で、豊浦志朗の『叛アメリカ史』をまるで見当はずれに批判した。それは豊浦の理論的作業を凡百のアメリカ論と等し並のものとみなし、豊浦の奮迅をからかっただけのものだった。「生身などとうのむかし犬に食われたウチら」だとか「生きるのを任せた家来などいないウチらは浮世とアルコールと女に騙されっぱなしだけど」と自嘲する者が豊浦をからかうのは耐えがたい。「浮世と酒と女に騙されっぱなしの」、つまり帝国主義内部にいながら帝国主義の内も外も全体像も見えなくなったことをその知の特性とするプチ・ブルジョワジーの、卑しい日常感覚だけが羅列されていた。あっそうか、どうせ俺の反批判は読んでっこないな、『クロスオーバー音楽塾』第四夜「ハーダー・ゼイ・カム／レゲの夜に」だよ。

さて、この豊浦志朗『叛アメリカ史』によって、バイセンテニアル時点でのモハメッド・アリの戦闘力を測定できるのである。豊浦の分析によると、アリとは、

フロイド・パターソン――善き黒人
ソニー・リストン――悪い黒人

というアメリカ社会における善悪二元論的な黒人のイメージを、モハメッド・アリ＝革命家、というジンテーゼに求めたボクサーであった。

パターソンというテーゼと、リストンというアンチテーゼを、アリというジンテーゼに揚棄させた力は、総体としてのブラック・パワーの昂揚であった。それはベトナム戦争の敗色と結びついていた。彼は徴兵を忌避し、ベトナム戦争反対を宣言した。

アリは次の三つの点でアメリカ黒人全体の気分を集約していた。

第一に、ベトナム戦争を内乱へ、というブラック・パンサーの方向において。

第二に、ベトナム反戦の立場をとった公民権運動の方向において。

第三に、ベトナム戦争は白人のやっている戦争だからといってソッポを向いている黒い回教徒の方向において。

アリはそのようなアメリカ黒人の全体を雰囲気的に集約し、かつ彼が徴兵忌避によって王座を剝奪されたことがアメリカ黒人全体の悲劇の象徴となって、アメリカ黒人の期待に憑依《ひょうい》し、夢を投げ返すことによってパワーを出していた。（『叛アメリカ史』第二章補記２）

建国二百年祭がアリ時代の幕を引いたのである。黒人革命の諸翼は分断され、最左翼の黒豹党は武力で鎮圧された。アリにはボクシングの技術は残されていたが、善と悪のジンテーゼとしての革命の力は引き、アリが憑依していた黒人の諸運動も、そして彼を支える熱狂的な雰囲気も退潮していた。彼は革命家ではなくなった。げんに彼はカーターの大統領就任前夜祭で、プエルトリカンの道化師と組んで、ジミー・カーターの前で下手くそな詩を読む役をやらされていた。したがって一九七六年六月の対猪木戦の時点において、モハメッド・アリはこうである。

彼は、同盟関係にある二流帝国主義国日本のプロレスのチャンピオンに挑戦し、打倒しなければならない理由を何も持っていなかった。猪木は白人権力を代表するものでも、黒人の前に立ち塞がる悪魔でもなかった。したがって勝つ心要はなく、負けさえしなければよかったのである。

したがってアリの凡戦は、世界戦略的には米ソ中の三極構造、太平洋地域においては日米中三極時代の、全体として受身の情勢下、あるいは新秩序――秩序という語の抑圧的な響きに御注目願いたいが――の形成下に規定されたものである。こんなときには、異種格闘技の真剣勝負は行われるものではない。ショー的な格闘技戦がそこまで世界情勢の影響を受けるはずがないと思われるかもしれないが、受けるのである。そのことはプロレスサイドの検討によって一層はっきりする。

2　プロレスの政治的原理

プロレスに詳しい上杉清文によると、ベトナム戦争時代はどのリーグでも悪役がチャンピオンであり、ポスト・ベトナム期から、ボブ・バックランドとか、ドリー・ファンク・ジュニアとテリー・ファンクの兄弟のようなベビーフェイスのストロングスタイル派が一斉にチャンピオンに返り咲いてきたという。

上杉清文と俺の分析では、各国のプロレスは次のようなドラマツルギーをもつ。(『ウィークエンド・スーパー』一九八〇年四月号連続対談「差別無制限一本勝負」)

ヨーロッパのプロレス＝宗教劇

アメリカのプロレス＝政治劇

日本のプロレス＝差別劇

プロレスに関する古典的分析と呼ばれるものはロラン・バルト『神話作用』(篠沢秀夫

訳）の一節「レッスルする世界」で、この文章で、バルトは大意を次のように記述している。

――ヨーロッパにあってはプロレスはキリスト復活劇になぞらえた宗教劇のドラマツルギーで筋書きされたショーである。シリアスな柔道の試合では、勝ちと負けは瞬間的なものである。負けた者は一刻もはやく負けから立ち直って、何ごともなかったように装って一礼して去ってゆく。これに反してプロレスでは、ホールドされたレスラーは、延々と、しつこいほど苦痛を演じることが要求される。ホールドされたレスラーが悪役であるならば、観衆はその無様《ぶざま》さ、みじめさに思い切り罵声《ばせい》を浴びせかけて悪が苦しむさまをよろこび、ホールドされたレスラーが善玉である場合には、それはかならず跳ね返し逆転勝利するように決められているのであるが、善なる者が背負う十字架の苦しみが長引き、激しければ激しいほど、復活のよろこびをいや増すために、観客は悪役レスラーの卑劣さを罵り、憤《いきどお》り、正義の復活に声援する。そのいずれにしても、苦痛は過剰に演技されることが要求される。そして正義派レスラーの勝利はキリスト教的価値観の勝利として、観客にカタルシスの作用を与える。

このロラン・バルト的プロレス理解が全共闘末期の武闘スタイルに悪影響を与えた、というのが上杉清文と俺の判断だ。自己批判を強要され、自分が帝国主義の側に加担していたことに無知であったことを延々と述懐する教授、助教授連と、それに形どおりの痛罵《つうば》を浴びせかける学生という構図は、ホールドされてのたうつ悪役レスラーと、それを罵倒する観衆の関係そっくりになり、武闘も儀礼的ないし儀式的なものになり、その一連の過程を通じて、正義の内容が問題ではなく、正義のあり方が演劇的に証明されればよしとするショーじみたものに後退した。これでは機動隊のリアリズムに勝てなかった。実際、大学生の間にプロレス研究会や、そこで発行されるプロレス・ミニコミ誌がおどろくほどの数で——その数の多さとファン気質の内容からしてプロレスのあり方は芸能界に酷似したものだが——族生《ぞくせい》したのは、全共闘運動の後であった。

政治劇としてのアメリカ・プロレスは事情が複雑だから、日本の差別劇プロレスに触れてみよう。

善悪二元論によって成り立っているのは同じだが、日本の場合、善悪の基準に芸がない。日本側＝善、外人側＝悪、基本的にはこれだけだ。昨日までの悪役であろうと、畸型《きけい》レスラーであろうと、外人だろうと、日本側につけば善玉であり、あるいは日本の善玉エースを補佐する位置にあるだけで、善玉なのである。これではただの排外主義ではないか！

善悪の基準が排外主義にあるから、悪役レスラーを悪役たらしめる技の内容つまり反則技の創意において、日本独特の型というのが貧困なのである。水まき、塩まき、目こすり、ゲタ打ち、といった類の、お祓いであり、お清めであり、要するに神道的イメージしかない。ヨーロッパプロレスのキリスト教的ドラマツルギーに比べてはなはだ貧弱だ。基本的には、日本側＝善、外人側＝悪といった排外主義が観衆の間に支配的だが、七〇年代中期から、「日本人のくせに外人勢に味方する」上田馬之助や、「悪役だが人気のある」アブドーラ・ザ・ブッチャーなどが出てきて、日本の観衆も、反則を反則として楽しみ、畸型を畸型として楽しむ成熟した帝国主義的感受性に達しているが。

政治劇としてのアメリカのプロレスは多少複雑のように思う。基本型は、WASP的価値観＝善、アカ＝悪、という二元論になると思う。それが時々の政治情勢、社会情勢の変化によって、悪のイメージが、カミカゼ・ジャップ、ナチス残党、ボルシェビキ、カストロ主義者、イラン人レスラーという具合に変わるのだ。だから同じ回教徒系レスラーであっても、現在では、イラン系レスラーは悪人であり、アフガン系レスラーというのがいたとしたら、彼の場合は悲劇の英雄視されるだろう。

そのほかに、人種対立、民族対立、宗教対立、美形対畸型の対立などが複雑に演出されるのである。だから合衆国のプロレスこそ、美形対畸型、ホモ・ショー的な筋肉美の見せ場。小人プロレス、女子プロレス、バトルロイヤル、小人レスラー対女子レスラー、人間と動物のアニマルマッチなど、ありとあらゆるものが成立しているのである。

プロレスこそアメリカ的なものである。それはありとあらゆる要素が商業主義の原理によって統括されているところの、西洋格闘術の一つの集成である。カラテは東洋系の格闘技の集成である。その原理は武道である。かくして二十世紀末の現在、ショー的ないし商業主義の原理で統轄された西洋格闘術の集大成であるプロレスと、東洋武術の集成であるカラテの間で、文明の意味を賭けて決着がつけられる必要があり、その気運が動いているのである。

そして、この二つの異質な原理を持った素手の格闘技が決着をつけるべき勝負において、その二つが単に対立しているということを認めるだけでなく、カラテが勝たなければいけないというのが極真精神である。それは猪木VSアリ戦のように決着をつける必要性を背負っていない試合ではなく、決着をつけるべき者どうしの戦いなのだ。善悪二元論、霊肉二元論の西洋合理主義か、霊肉二元論を身体論として統一して把握する東洋武術が勝つか、だ。ではもうすこしプロレスを検討してみよう。なぜ東と西のライバルがカラテとプロレスであって、柔道対ボクシング、といった具合にならないか、と問題を出してみよう。

カラテもプロレスも未完成であり、野蛮であるからだ、と答えればいいだろう。まさにその一点にカラテとプロレスとが相互に闘志を燃やし合う理由があるはずだ。

一九二〇年代にアメリカ合衆国でプロレスが発展しはじめたとき、起源は二つあった。一つはレスリングである。一つはサーカスの見世物である。力持ちが重いものを持ち上げたり、鎖を切ったり、動物と闘ったりしてその怪力ぶりを人に見せることからはじまった。手元に適切なプロレスの歴史書がないので記憶違いがあれば改めるが、スタニスラウス・ズビスコ、締殺しルイス（ヘッドロックが得意技）といった強豪たちは、サーカスの芸人も兼ねていたはずだ。

サーカスの見世物起源ということが、レスラー達に、プロレスをやっている自分たちは正規ならざる者、畸型のもの（フリーキッシュという語はサーカスから来ているらしい）という屈折した見世物意識を与え、他のスポーツに比して、ことにボクサーに対して、自分たちがスポーツと見世物の中間にあるという劣等感を抱かせたようだ。それはリングネームや仇名のつけ方で分かる。ボクサーたちはごくふつうの、市民的な名前でリングに上るのに、レスラーの名には、「キング」、「デューク」、「バロン」といった貴族制度の名を冠する者が多い。劣等感の裏返しだ。

だから、レスラーがボクサーに挑戦することはあっても、ボクサーがレスラーに挑戦することはまずない。げんにボクサーからレスラーになった者は多いが（ボクシング・ヘビー級のチャンピオンからプリモ・カルネラ、短期間だがジョー・ルイス)、プロレスラーからボクサーになった者はいない。そのようなことから、レスラーたちには、自分が他のスポーツの廃業者か脱落者だという意識もあって、それがコンプレックスの理由にもなっていた。最近は事情がすこし変わって、レスラーの息子が最初からプロレスラーとしてデビューするケースがふえたが、それまでは、他のスポーツ、他の格闘技、他の職種からの転向者がプロレスラーほど多いものはなかった。日本でも角力(力道山)、柔道(遠藤幸吉)、野球(馬場)、陸上(猪木)、アマレス(吉原功)という具合に。

したがってプロレスのチャンピオンクラスの年齢は高いのである。二十代というのは例外であって、三十代、四十代がふつうだ。他の格闘技にはチャンピオンがこれほど高年齢というケースはない。その年齢および毎晩闘うという試合数からしても、プロレスはショーたらざるを得ないし、また分別のつく高年齢者でないと、カッとなって相手を本気で攻撃してしまうから危険なのである。以上の性格から、プロレスに関して次のように言うことが出来る。

プロレスはスポーツとして自立している部分が極めて少ないために、演劇のドラマツルギーを受け入れ、その時々の政治情勢の模写に至ること、これがプロレスの政治的原理である。

3　武道・スポーツ・見世物

同様にカラテについては次のように言える。

カラテは、スポーツ化しえない野性を持っており、かつスポーツ化しては自滅である。大山倍達はこう述べている。「空手はスポーツ化する方向にあるが、空手を完全にスポーツ化すれば、真の空手の迫力は失われる。絶えず武術というカンフル注射があってはじめて真の空手が生き残るのである」（「空手の沿革」、『ダイナミック空手』）

これがおそろしく深い洞察なのだということに気づいていただきたい。スポーツと武術、近代と野蛮というカラテの二重構造を提示したものであり、日本社会の二重構造に対応した大山倍達の回答だという点に留意されたい。

日本社会の二重構造に耐え得ない思想はすべてモダニズムとして独占資本の側に吸収されてきたのである。公と私、村と都会といった日本社会の二重構造が成立した起源は、農耕社会に騎馬民族の征服王朝が乗っかり、後者が前者を破壊してしまうのではなく、両者の間に相互性が成立したときからだということになるだろう。日本史を一貫して、二重構造が割ってきている。この問題は現代に入って、ことに六〇年安保の性格規定をめぐる論争のうちに焦点を結んだ。それは巨大独占が前近代的な生産関係を前提に、かつ前近代的な制度を再生産させながら発展していく、という認識であった。具体的に言えば独占企業が、一方で不況時の過剰労働力を農村に吸収させ、好況時に零細企業にプールさせ、他方で子請け、孫請けを系列化しながら、子請け、孫請けの前近代的要素を再生産しつつますます巨大化しつつある戦後日本帝国主義の復活に集約された。

失礼して若干の戦略論争の再現を――。

膨大な家内制手工業的な要素を有した日本の《前近代の残滓《ざんし》》が、巨大独占によって解体・吸収されていくものなら、日本革命の課題は、零細ないし小企業主、ならびに中小企業主の一部を含む国民統一戦線の形成であり、革命の性格は、対米従属を深める政府与党に抗してまず民主革命を、つぎにプロレタリア革命を、という二段階革命論になる。これは六〇年安保闘争を前にした社共の認識であった。

日本の独占資本が、前近代的生産関係を必須の前提として発展しているものならば、日本革命の課題は直接にプロレタリア革命でなければならない。基幹産業労働者の戦いは、かならず、独占資本と小企業の二重のくびきのもとに搾取されている子請け、孫請け労働者、未熟練労働者たちの、そして現在でもそうだが、労働組合に組織されているものは日本の全労働者中の三分の一で、他の三分の二は未組織なのであるが、この膨大な労働階級のより激烈な闘争を引き出して、ただちにプロレタリア革命に突き進むであろう。プロレタリア権力によってこそ、はじめて日本の民主革命も達成できる。そのような展望にもとづいて行動したのが六〇年安保全学連であり、東京地評の労働者たちであった。

革命は勝負だ。勝負とは勝つか負けるかだ。字に書いてあらっ、こっちが負けた。負けたからと言って、この展望が間違っていたわけではない。二重構造解消論は第一次池田内閣の経済顧問たちが唱えたことであって、六〇年代に日本の帝国主義は完全に復活し、韓国、東南アジアを《系列化》して、いわば国境を越えた二重構造を現出した。国内的にも都会対農村の対立図柄を、都市市民階級対都市下層階級（浮遊するプロレタリアート）に変えて日本の二重構造は生き延びているのである。

思想的にも日本社会の二重構造は難敵であって、前近代的要素の改良のみを眼目としていた諸思想、諸表現（ことに文学）は、六〇年以後、独占資本の側に組み込まれた。安保後のオピニオン・リーダーたちの右傾化であり、その総仕上げが万国博だった。

スポーツ化する近代の宿命に抗して、不断に武術からカンフル注射を打ち続けること——大山倍達は思想史的にも正しい。武術、それは殺し技である。禁じ手である。ルールなしである。無制限の戦闘力の解放である。

スポーツは近代の産物だろう。近代の所以《ゆえん》はルールだろう。それは法の前に平等という哲学を前提したものだろう。しかし武道はルールが第一義の範疇《はんちゅう》ではない。だから、極真カラテマンほど自分の定めた試合ルールをいつも疑っている者たちはいない。ウエイト制にすべきだろうか、金的カップくらいの防具はつけるべきだろうか、顔面への肘打ちは認めてはどうだろうか、グラブをはめてはどうか……という具合に。

そのような設問をいつも検討しているのは、近代の産物であるスポーツと比較して、武術が中世的な性格、火薬が戦闘に登場する以前の中世的な戦闘の性格を持っているからだ。そしてそれを失うまいとしているからだ。

完成されたスポーツは、自らのルールを疑うことはないと思う。問題になるのは、ジャッジの方法や、採点方法である。ルールというものはあるべきかどうか、という疑い方はしない。ボクシングは高度に完成した格闘技スポーツである。五キロ刻みのウエイト制や（実際には英国流のヤード・ポンド法だからキロに換算すると端数が出るが、ここでは仮にである）、採点方法などの外枠がひじょうに厳格で、かつルールに定められた内側での攻防の技術も高度に完成している。だからボクシングの勝負は能《あた》う限り公平なものであり、この公平さがボクサーをしてレスラーより格が上のものと世人がみなす根拠になっている。だからボクシングを間に置いて考えるとよく分かる。

プロレスは、スポーツになりたくても、なかなかスポーツの仲間に入れてもらえない格闘技である。ルールはあってなきに等しく、外枠を決めるものは観衆の反応である。カラテはその本性を近代以前的なもの、中世的なものにおき、スポーツ化しまいと踏ん張っている格闘技である。したがってルールや制限はゆるいほどよく、喧嘩に近いほどいい。

なぜこのような野性的な格闘技が、西洋ではなく、東洋に残り、継承されているかということについて、大山倍達はこう書いている。

「素手の拳法は武器や戦術が発達するに従って、戦場の主役ではなくなり、次第に護身術としての利用価値が大きくなった。が、東洋の国々に近代化の波が波及し、国家の接触の機会が増え、侵略戦争の対象とされるに従って、素手の武術は、武器なきものの武術として、民族や結社のレジスタンス活動に用いられるようになった。

東洋の素手の闘技が、スポーツとして残されたわけでもないのに、決して消え去ることがなかったわけは、それが弱者の味方として、または支配者に対する抵抗の手段として、またゲリラ戦に必須の武術として用いられたからである」

「……それは乱暴や狼藉のための武術ではなく、横暴や専制に対抗する栄光ある武術となったのである」

「東洋近世の闘技の素手の歴史を語るのは、近世の先進国の侵略に対する抵抗運動の歴史を語るようなものである」（「空手の沿革」、『ダイナミック空手』）

拳法、カラテの歴史に脈々と流れている民衆的な本能がこれだ。護身術であり、健康法であり、修養法であり、スポーツでもある東洋武術の総体性、未分化の状態、原初的な姿は、まさにその総体性、未分化性、原初性のゆえにスポーツ化を跳ね除けるバネを持っている。

ここで東洋武術を東洋武術たらしめるものを自分なりに判断するとこうである。

一、インドのヨガの体系に淵源《えんげん》する呼吸法と、

一、漢方の人体理解に対応する急所（ツボ）への攻防と、

一、各民族に自生する自然発生的な格闘技術とが、

総合され、体系立てられているものが東洋武術である。

猪木VSアリ戦の結論――ボクシングが、もっとも厳格にルールづけられた近代格闘技であるがゆえに、ボクシングは異種格闘技戦をもっともやりにくいスポーツである。そのスポーツとしての完成度の高さゆえに、アリはボクシング以外の攻撃にそれこそ手も足も出なかっ

たのだ。

ではボクサーが弱いかと言うとそんなことはない。ヘビー級ボクサーのパンチをまともに食らって立っていられる人間はいない。ボクシングとプロレスの格から言うと、レスラーの方が挑戦者なのである。だから、寝転びまわし蹴りという、プロレスにもカラテにもない技を考えて挑んでいった猪木は、それなりに立派であったと言っていいかもしれない。仮に猪木VSアリ戦がアメリカで行われたとすると、アリは猪木をノックアウトする以外に面目が立たないのである。日本で行われたために引き分けによって両者の面目は保たれたのであり、アメリカでなら、試合自体が行われなかっただろう。そのように、一九七〇年代中期の日米関係という磁場では、中途半端な異種格闘技戦しかやれなくさせていた。

4　大山倍達の偉大さについて

前章に予告した通り、大山倍達の偉大さを史的展望のなかに据える試みを行う。この巨人が何をやってのけた人物であり、どういう経歴の人であるかは、すでに有名であると思うので、自分なりに述べる。

世界最強の男になろうと志し、実際になったこと、その実証を、世界中の格闘技との実戦を通じて勝って実証したこと——この二点で大山倍達こそ類例がない。

極真カラテが世界性、あるいは大乗的性格を持っている理由は、館長が各国の格闘技と戦って勝ったからである。ことに、東洋武術を正面から掲げて、西洋格闘術のもっとも完成されたものであるボクシングと戦い、カラテの強さを実証し、西洋格闘術の、商業主義のもとにだが、技の集成を為しているプロレスと戦い、カラテの強さを実証したことが大きい。

これまでプロレスの特殊性を種々掲げてきたのであるが、ではプロレスは弱いかと言えば、これは強いのである。日本の《総合武術》つまりカラテの技と柔道の技とその他いくつかをミックスして、オールラウンドの格闘技だ、と言っているものよりもプロレスの方が強いだろう。《総合武術家》（それへの批判は南郷継正『武道修行の道』（三一書房、一九八〇）に詳しい）では、体格と筋肉の量でプロレスラーに負けてしまうだろう。プロレスラーを倒したのは極真カラテマンであり、やれば倒せるものはタイ式ボクサーだろう。（タイ式とプロレスラーの試合があったという話は聞かない。あればぜひ観たい）

プロレスは徹底的にアメリカ的な格闘技である。各民族、各移民たちがぐつぐつ煮えたぎっているスープ鍋のようなアメリカという場で成立した西洋流の《総合武術》だとも言える。

怪物みたいな連中の集まりだ。技の名を見ても、ジャーマン・スープレックスだとか、アルゼンチン・バックブリーカーだとか、諸民族オリジンドの名称があって、それらは、各民族が集まってアメリカという国を作ったという歴史性と、アメリカならば格闘家が飯を食ってゆけるがゆえに各国から腕自慢が集まってきたという商業主義の発達を示している。グレープバイン・ホールド（通称コブラツイスト）がインド系のホールドであり、キャメル・クラッチがアラブ系の決め技であり、カラテ・チョップが日系の攻撃技である、というように、プロレスには多種多様の技が集積されプロレス流に体系化されている。

その技の数はいかなる単一の武術の技よりも多いだろう。付言しておけば、技の数を誇るのは武道の上には対して意味はなく、ショー的には大切なことなのである。プロレスラーにとって、技はレパートリーなのだから。

いま一つ重要なことがある。武術がスポーツ化することは近代の一つの方向性であるなら、スポーツが職業化、ショー化してゆくことも一つの宿命なのである。その方向を徹底的に推し進めたものがプロレスであって、プロレスが二〇年代のアメリカに発生したということにも史的必然性はあったのである。

武道とショー的要素の強い格闘技が戦ってはいけない、という法はない。げんに戦前の講道館柔道は、「西洋職業角力の横綱」アド・サンテルと数次にわたって死闘を繰り返したのである。真剣勝負だった。ただ、アド・サンテルと戦った庄司彦男三段（のち早大レスリング倶楽部の創始者になり、のちその位置をアマレスの八田一郎に譲って、戦後政界入り）は、名目上、講道館の籍を離れ、講道館の公式記録には、サンテル対柔道家の試合は記載されていないそうだが。（桜井康雄『プロレス対柔道』）

そして、戦後、アメリカに渡ってプロレスと戦った人物が大山倍達である。戦っただけではない。連戦連勝し、そのほとんどは一ラウンドＫＯである。

時は、一九五〇年代のはじめ、太平洋戦争の記憶がまだ生々しく、勝った大山倍達に「キル・ザ・ジャップ」と叫んだ観衆が襲いかかった時代である。

米建国二百年祭の年の、日本における猪木VSアリ戦、一九八〇年、過渡期のはじまりの日本でいま戦われた猪木VSウイリー戦と、大山倍達がアメリカに乗り込んで戦った時点の時代背景の違いをぜひ念頭に置いていただきたい。その当時、カラテとプロレスがたがいに相手を知らなかったという条件のほかに、日米を代表する格闘技が立ち合えば、真剣勝負たらざるを得ないという時代の殺気も作用していた。

仮の話だが、たとえカラテとプロレスがたがいに未知の格闘技であったとしても、今、その初顔合わせが行われるというのであれば、大山倍達の死闘ほどすさまじい戦いが行われたかどうかは疑わしい。カラテは時の利を得たとも言いうる。

それにしても太平洋戦争終結の日あさからぬアメリカで、東洋武術の面目をかけて、プロレスラーやボクサーを叩きのめしたすごさよ！　力道山がシャープ兄弟をカラテ・チョップで打ちのめした時の日本人の熱狂ぶりを思い出すと、敗戦国日本の未知の武道家がアメリカに乗り込んで、かれらが誇りとするレスラーやボクサーを叩きのめしたときの、米人の反発ぶりはさぞ猛烈を極めただろうことが分かる。

武道の歴史に照らすに、武道中興の祖は民族的危機に生まれている。

幕末期、黒船来襲を機に生まれた千葉周作の北辰一刀流門下（清川八郎ら）の活動がそうだ。阿片戦争、太平天国の乱、義和団の乱を通じて中国拳法が亡《ほろ》びんとしたとき、まさに辛《しん》亥《がい》革命の前年、一九一〇年に上海に創立された霍元甲《かくげんこう》の上海精武門がそうだ。嘉納治五郎の講道館柔道と明治期の関係がそうだ。

そして大山カラテは、日本の敗戦によって生まれているのである。日本の敗戦がなければ、東洋武術の精華たるカラテが真剣勝負をもて西洋の諸格闘技と異種格闘技戦で対決することはなく（同種格闘技なら真剣勝負は行われるのであるが）、勝ってカラテの強さを実証し、西洋世界にも通用する合理性を獲得して世界のカラテになることはなかった。自分は弟子だからかえって言いにくいが、大山倍達が出なければ、カラテは東洋の、古い、奇妙な格闘ダンスのようなものとして亡んでいたかもしれない。実際に日本であっても、カラテが明治期沖縄から来たゆえに「半異国の武術視」され、剣道、柔道の下位に置かれて、軍隊の採用するところとならなかったくらいだから。歴史における個人の役割は存在するのである。そして大山倍達の足跡は、個人が世界を相手にどこまでやれるかという最大値をくっきりと示しているのである。

仮に日本が戦争に勝っていたら、という仮定は成り立たない。それは大山倍達の実存において成り立たない。大山倍達がアメリカに乗り込んだことと、彼が書生時代、石原莞爾の東亜連盟に在籍していて、最終戦争は「東洋を代表する日本と西洋世界の覇者たるアメリカの間で行われる」という説を信奉していたことはあながち無縁ではない。日本は戦争に負けたが、自分が負けたのではないと、最終戦争個人篇の気構えで乗り込んだとも考えられる。この件を館長にたずねると、「対戦するときにはこわくて、とてもそんなことを考える余地などありゃしません」ということだったが。

実戦の数において、大山倍達はいかなる格闘家をも上まわっている。半生において世界にカラテという武術の種をまいた時間と範囲において、それは半世紀の間に地球を一まわりしたジャズの伝播版図《でんぱはんと》をも上まわっている。これらの事実はまさに今世紀の奇蹟の一つと言える。

しかし、量的な物語だけではない。大山倍達は、他の偉大な武道の中興の祖に比べても、さらに偉大な、近代の武道家中、最大の人物ではなかろうか？　嘉納治五郎師範は教育者としても名を残した人物で、新興の日本に革命留学に来ていた中国人学生を一手に引き受けて教育したのであるが、かれらに柔道を教えることはなかった。大山倍達は、門を叩くものに断じてカラテを教える。カラテだけを教える。人種、民族、信条のいかんによって拒んだり、差別することは一切しない。彼は「生きている伝説」とも、「現存する超人」とも呼ばれてきたが、そのような人物がわれわれの前に実在するのである。このゆるめの日本に。東京の池袋に。いま一度引用しよう。「猪木の土手っ腹に風穴の一つでも空けていたなら、……（ウイリーの）破門を解くことも可能であったろう」ちなみに言えば、大山倍達はアントニオ猪木個人に敵意を抱いてはいない。むしろ好意的なのであり、アリ戦に備えて極真の本部道場を訪れた彼に、一緒に稽古することを許した間柄なのだ。ウイリーとの戦いが済んでみれば、プロレスは正規のものとはみなされず、アメリカで戦えば悪役と道化を強制されることに腹を立てて、ショー的枠組のなかではあるが、プロレスラー以外の格闘技家に戦いを挑むアントニオ猪木に好意を感じているカラテマンもいるのだ。異端視されている点ではおたがいさまだ。にもかかわらず大山館長のこの言の激しさは、武道の本質を、プロレスや、商業主義から遮断して守ろうとするのではなく、積極的にショーや商業主義に乗り込んででも武道を前向きに守ろうとする気迫を感じさせるものである。ものすごい指導者がいる。野蛮だから現代を超えられる。極真カラテは過渡期をそのように超えて進むだろう。

対アリ戦を前にアントニオ猪木に稽古をつける大山総裁
（極真会館総本部道場 1976年 5 月）

第七章

大山倍達を信じよ

第七章　大山倍達を信じよ

池田草兵「極真会館の大スキャンダル」（『噂の真相』一九八〇年一月号、二月号）は大山倍達を尊敬していないから話にならない。

大山倍達を尊敬することが極真カラテマンのＡＢＣ……Ｚの、そのＡだ。しかるのち、この巨人に疑問を感じるか、恨むかして極真を離れたり、自流を創る者がいても、それはそれでいい。そういう人もいて、極真の組織を離れてもやっていることはカラテであるから、ふつうなら近親憎悪がはたらくはずなのだが、不思議とそのようなケースはない。大山倍達という人格の、そして極真カラテの、途方もないキャパシティを感じる。

道場で発行する文書のどこにも大山倍達を尊敬しろなどと書かれてはいないが、そんなことはあたりまえすぎて言い出す必要がないからだ。

極真カラテマンでないものが大山倍達を尊敬しなければならぬいわれはなかろう、と言われればその通りだ。極真カラテマン以外のものに大山倍達への尊敬を強要する理由はない。それもその通りだ。じゃあ書くな。知らねえくせに極真の悪口を書くな、池田草兵という男よ。

池田記事はその真意が奈辺にあるかは知らず、館長大山倍達個人に対する誹謗《ひぼう》、極真の組織に対する誹謗、および極真のカラテ内容に対する誹謗に終始した記事であり、師と武門に対する侮辱は極真門下の座視することの出来ない性質のもので、げんに俺は怒った。ムカッ腹が立った。久しぶりにムカッ腹が立って、俺の原始の火をつけてくれたことに対し池田草兵に感謝状をくれてやりたいくらいだ。くれてやる。

――野良犬が自分の同類と間違えて虎の尾を咬《か》んだ勇気に敬服する。

大山倍達はインチキ空手家だとか、極真カラテはマスコミによって作られた張り子の虎だとかいった類の言説が、こと他流派、他種格闘技から発されたものであるなら、武門への挑戦として眦《まなじり》を引き裂いて雌雄を決すべき性質のものだ。ところで池田草兵記事を読んだときの（つまり『噂の真相』一月号〈前編〉を読んだときの）大山館長の反応を思い出す。

「私は金にきたなくて、助平で、カラテをやる前にはボクサーとレスラーをやっていて、身体が大きいのはプロレスラー上がりだったからで、弟子が力をつけて有名になると妬んでつぶしにかかる狭量な人物かね。こりゃ大山倍達という男はいいところがないな」

笑っていた。精力を持て余しかねて大きな身体が椅子の中でポンポン跳ねるような、館長独特の陽気さで、これは大山倍達のなかで何ごとかが高速回転をはじめたときに見せる仕草だ。そして言った。「ただし、禿げと言ったら許さんぞ」

他流派からの批判には慣れているが、フリーのルポライターから極真カラテが公器を使って攻撃されるというケースははじめてなので、俺は館長の反応に興味があったのだ。平たく言えば、論争家としての大山倍達をまだだれも知らない。やりにくいだろうな、とは思っていた。武道家がジャーナリストを腕力で屈服させてはまずいし、《商売道具》を使わずにどう対処するか、これはだれにだって興味がある。

大山館長はむしろ浮き浮きした様子だった。精力があり余って、椅子の中でポンポン弾んでいるような状態、これは親しい友人たちと冗談を言い合っているときにも見せる姿であるが、この場合には、前後左右上下、敵の正体が何であり、どこに潜んでいるかを電撃的な速度で計っている状態なのだと直観した。「やる気だな!」という直観に狂いはない。論争になると浮き浮きする体質の男がげんにここにもいるので、俺がそうなのだ。受けて、流して、逆襲して、見せ場では大技を出してという論の駆け引きが俺は好きで、したがって俺の論争はエンターテインメントの域には達している自信があるが、何が何でも勝ちを取りにいくのが俺の悪いくせだ。この面でも師大山倍達に及びがたいことを知らされた。

「やる気だな！」ということは、大山館長が池田草兵や『噂の真相』岡留安則編集長をやるということではない。武門への誹謗記事を奇貨《きか》に、カラテ革命を加速化するということである。肝腎なことはこうである。

第二回世界大会以後、極真カラテの内部改革が進行している。日本勢の辛勝、ウイリー・ウイリアムズ選手の反則狂乱は痛かった。武道精神、技、指導原理、組織のあり方の全汎にわたって洗い直しが行われており、その理念が、『わがカラテ　日々研鑽』であり、館長の反省からはじまっている。館長は述べた。自分がいつのまにか武道家から経営者になったことが原因だ。武道家として弟子に技を伝え、弟子たちの修行を見守ることが第一の仕事でなければならないのにもかかわらず、自分は極真の組織の長としての用務にかまけてしまって武道家としてのあり方を完《まっと》うしなかった。館長はそのように言い、内弟子の直接指導からはじめたのである。

第二回世界大会以後の極真カラテへの批判は、まず極真ファン、支持者たちから来た。それはすごい数だ。抗議文、質問状、意見書、改革案、それらを極力、機関誌『パワー空手』に掲載し、館長はいちいち、生真面目に回答している。その抗議の一端と館長の回答は本書の三つの章（第四―六章）に示してあるが、より詳しく、極真の徹底ぶりを知りたい読者は『パワー空手』の一九八〇年のどの号でも御一読願いたい。ウエイト制を採用したらどうか、防具をつけて顔面パンチを解禁する実験をしたらどうか、ウイリーの破門を解け、解くな、カラテ商人を追放しろ、支部ではこういう試みがあるぞ……まさに百家争鳴のなかに極真の自浄力が姿をあらわしてくるさまが見える。そしてこれが一九八〇年十一月の第十二回国内大会の成功をもたらすのである。ピーンと張りつめた大会で、精神がよみがえった。

三度決勝戦で相まみえた三瓶啓二VS中村誠の熱戦はどうだ、為永隆・松井章圭等の若手の台頭ぶりはどうだ、各支部予備戦の充実ぶりはどうだ、試合が観衆に与えた感銘はどうだ、大会を成功させるべく各支部長、委員たちと連携して連日駅頭にチラシをまきに出た壮年部の底歩《そこふ》の強さはどうだ、どうだ文句あるかと言いたい。

極真には浄化が進行しているのであって、腐敗が進行しているのではない。支部と分支部問題に端を発する（支部による分支部への物品購入の強制等）添野事件、巷間噂される大山館長と梶原一騎氏との不仲説等は、極真のカラテ革命の派生物であって、逆ではない。

館長は誹謗記事を奇貨に、この際徹底的にウミを出すことを推し進めるつもりでいる、と理解したので、俺などの口をはさむ問題ではない。見ていることにした。師および先輩の戦い方を見るのも修行だ。池田草兵記事は、添野事件は埼玉の添野支部が大きくなることを恐れた館長が計画的に添野つぶしを画策したものだとか、四国の芦原支部長を倒す目的で北海道の高木支部長が館長命令でヤクザを連れて乗り込んだが返り討ちにあって高木支部長が目をつぶされただとか、マンガみたいな記述があって、これだけでも名誉毀損《きそん》ものだが、〈次号へつづく〉とあるので、一月、様子を見ることになったのである。

二月号〈後編〉で正体が分かった。これは度がすぎる。この号では、一つ目は第二回大会におけるウイリー・ウイリアムズの反則敗けとそれを演出した極真首脳陣、二番目に猪木VSウイリー戦における大山倍達の殺人指令、という《面白い》展開になっているが、池田記事いわく。猪木VSウイリー戦に関して――

一方極真会館側では、大山館長が添野師範を本部に呼び出して黒い殺人指令を言い渡した。「添野、よく聞け、二・二七決戦のとき一ラウンドに乱闘に持って行き、新日本プロレスの新間寿本部長と猪木を殺せ。その乱闘で梶原一騎と黒崎健時も刺せ」これは刑法にある《殺人教唆《きょうさ》》である。

なんだこりゃ?

プロレスや空手などの格闘技が合法的な殺人ゲームに発展するとすれば、社会的にも大きな問題になるだけでなく法治国家として許されるはずがない。

これまた、なんだこりゃ? 元日大全共闘が「法治国家として許されるはずがない」なんてよく言うわ。法律の問題だけどね、他人を殺人教唆者だなんて言うのは《言論の自由》というやつの範囲を越えているぞ。武道家がジャーナリストを御公儀に訴えるなんてのはみっともないから控えているだけだろうが、気をつけろ。さらにこうだ。

このような殺人教唆を白昼堂々と命令している極真会館の大山館長に、警視庁捜査四課と添野事件を担当した埼玉県警捜査四課が現在ある容疑で内偵しているとの情報が噂されている。

理解に苦しむ。サツネタをリークしてもらった池田草兵というのはいったい何者なのか？　二月号〈後編〉で明らかになったことは、池田記事とは、極真を離れた者、処分された者からのみ情報をとり、その者の利益のために書かれたムチャクチャな中傷記事だと言うことだ。それはデタラメのオンパレードで、たとえば大山倍達館長個人に対し──「大山館長の専売特許ともいえるビール瓶切りは、芦原師範が考えて大山館長に教えたのである」だとか、「十円玉を指で折り曲げるのはトリック」だとか、「大山館長の空手の師である城秀美氏は『大山館長はサーカスの軽業師をやっていた。だからトリック的演技は上手いはずだ』と解説してくれた」だとか、まあ、これはこどもっぽいほう。

こういうのもある。「極真会館は日本では、梶原氏の劇画やマスコミの力で有名になったが、海外では知られていないのである。特にアメリカではカンフーは知られているが極真会館の知名度はほとんどないのである。これは海外旅行をした読者ならご存知のはずである。劇画と現実は違うのである」

だれに聞いたことか知らないが、欧米で一番支部組織が大きく普及しているのは韓国のテコンドーだ。韓国は国家が指導員を派遣してテコンドーの普及に努力している。二番目が極真カラテで、三番目がカンフーだろう。そうした事実誤認は仕方がないが、「海外旅行をした読者ならご存知のはずである」と書くのがお笑いで、海外旅行者が、カラテとテコンドーとカンフーのどれが海外で一番盛んかなんてことに興味を持つはずがないだろ。ジャーナリストとしての位置の取り方というか、感度が鈍い文章だ。

次はもっとよくない。池田草兵は、三瓶啓二VSウイリー・ウイリアムズ戦が八百長だったという問題に関し、一月号〈前編〉で「極真会館の八百長の手口は二つある。片方八百長と両方八百長である。ウイリーと三瓶の試合は両方八百長であった」と書き、二月号〈後編〉では「ウイリーと三瓶の試合は片方八百長であった。三瓶選手だけが知らなかったのである」と書く。どうなんだ、と俺は直接池田草兵と岡留安則に質したところ「あれは誤植でした」ときた。

誤植ね。俺もときどきやるけどね。「片」と「両」というのはあまり誤植するケースじゃないと思うがね。恐れ入りましたよ。

ウイリーVS三瓶戦が八百長と後ろ指さされることは甘受せざるを得ないだろう。くやしいが、ウイリーの反則狂乱は武道大会にあるまじき不祥事であり、だからこそ極真カラテマンたちは屈辱に思っているのだ。三瓶さんが一番くやしいだろう。一号で「両八百長」と言い、二号で「片八百長」という如き軽々しさが対戦当事者を傷つけずに済むものかどうか、反省してもらいたい。数あるスポーツ記事のなかでも（青田昇舌禍問題とか、江川問題とか、角力の八百長問題とか、スポーツ記事にもなかなかのものがあるなかで）池田のは最低である。まだある。池田はスポーツ誌編集者のA氏の言として「どうも東選手との試合のいくつかは八百長だったらしいです」と言っている。冗談じゃない。東孝選手とアメリカのチャック・チズム選手の試合、同じく英国のハワード・コリンズ選手との試合は第二回世界大会のベストファイトだったと言える。

強い者同士の勝負というだけではベストファイトとは言えない。何か運命的な、と言えるカードがあって、これはライバルを得て、たがいに自己の限界を超えて戦うがゆえに感動的な試合になることがある。第一回世界大会における盧山《ろうやま》初雄選手と全米チャンピオンのチャールズ・マーチン選手の試合がそうだった。剛の盧山対柔のマーチンという組み合わせになったが、私見では、両者は似たタイプだったのではないかと思っている。当時、マーチンは知性派、ウイリーは野獣派と言われていた。マーチンはクールな選手だった。盧山初雄も求《ぐ》道《どう》的な性格で、マーチンにとっては、海外に出ず、山籠りして一人稽古をする盧山選手こそもっとも神秘的な強敵とうつっていたのではないかと思う。両者の対戦が近づくにつれて、使いこなす技の数ではマーチンの方が勝ることが明らかになった。しかし盧山初雄には下段蹴りがある。

　両者が試合場に臨んだとき、盧山危うし、という感があった。マーチンはあまりに強い。カラテを知り尽くしていて、彼の前にかくされた秘技はない。しかし、試合がはじまって、盧山初雄のまわりにあたかもバリヤーが張られたようにマーチンが入り込めないのを知って、観衆はどよめいた。腰を落として構え、低い姿勢から、「とうりゃ」という独特の気合を発し、いささかの体の上下動もなく、獲物に襲いかかる蜘蛛のようにツツと盧山初雄が入ってゆくと、マーチンはツと後退するのである。チャールズ・マーチンの距離に盧山初雄が入り込むときの恐怖、盧山の距離にマーチンが入ったときの恐怖、瞬時にあらわれる二つのスリルだけでこれは名勝負だということがだれにも分かり、やがて機満ちて技を出し合うのであるが、マーチンに対し盧山には下段蹴りしかないのであり、マーチンには盧山が下段蹴り一本で来ることが分かっているのに防ぎようがないのである。マーチンはありとあらゆる技を出して盧山に対抗しなければならず、盧山はマーチンのあらゆる強力な技に下段蹴り一本で対抗しなければならなかった。試合は、東谷巧VSチャールズ・マーチン戦の華麗な技の戦いから一転して、不気味な迫力の中に進んだのだ。勝利はしだいに下段蹴りの威力が効を奏した盧山初雄に帰したが、マーチンはあくまでマーチンらしく、盧山はあくまで盧山らしく戦われた。あるいは戦われるよりなかったという点で、大会のベストファイトであった。

第二回世界大会の東孝VSチャック・チズム戦がそうだった。動と動、火と火の正面衝突だ。チズム選手はいかにもアメリカ的な爽快なまでに荒っぽい試合運びで、英国チャンピオンのジェフ・ホーンブロイ選手を外国人同士の試合ではナンバーワンの好勝負で破って進出してきた選手で、東孝の剛毅で気腑のいいカラテと正面衝突した。試合場に上った瞬間、両者がよき敵ござんたれと燃え上がった様子が分かった。両選手ともにファイトが外に出るタイプだ。両者とも「カモン、カモン」ジェスチャーの掛け合いだ。チズムは軽快なフットワークで飛びまわり、東孝また、腰を上下動させる独特のリズムの取り方とフットワークを使いながら距離をつめ、たがいに「カモン、カモン」を連発しながら、飛び込む。距離に入った途端、両者同時に技を出すのだ。チズムは長い脚によるものすごい上段まわし蹴りを、東はナタのような下段蹴りを。チズムの長い脚は東の見切りを上まわって相手の鼻先を捉え、東の下段蹴りは飛び上がった瞬間の相手をなぎ払って宙に舞わせた。なめらかで、パワフルで、途切れのない戦いをしながら、両者の間に流れたものは、戦闘能力のすべてを解放させうる相手を見出した歓喜ではなかったかと思う。東孝選手とチャック・チズム選手のリズムがぴったり合った名勝負である。

この東孝VSハワード・コリンズ戦もすぐれていた。武士対騎士、重騎士と重戦車、どちらも風格を尊ぶような試合で——相手の個性に応じてそれぞれ自分の個性のある面が強調されて出てくるというのが本物の勝負のよさだ——対チズム戦のように見ている者の血をたぎらせた戦いではなかったが、これも名勝負であった。

それを池田草兵は、八百長と言った。試合を見ての言か、と問い質したのに対し、池田はテレビのダイジェスト版で見たと答えたが、文筆家の基準からするとその返事は落第である。パンツを論じるつもりなら穿いてからものを言え。それが批評の愛情なのである。論じる対象への、そして自分の仕事への。

それをしないということは、だれかさんの三百代言《さんびゃくだいげん》か、あるいは極真スキャンダルをネタにルポライターとして雑誌に進出しようとする小さな野心かのどっちかだ。東孝選手侮辱に関しては、東選手から抗議の手紙が出されている。その抗議のあと、東孝は極真を離れた。俺は東さんが好きだった。

次はもっと悪い。池田草兵は二月号〈後編〉でこう書いた。「添野事件は、都下埼玉支部の勢力が大きくなり、分支部が増えることによって極真会館が各支部を吸収して利益を計るために、郷田師範をはじめ盧山埼玉支部長が手先となって画策した事件である」との断言を、郷田勇三師範、盧山支部長に取材することもなく行っている。添野事件とは支部対分支部の問題であり、本部の関知しないところで金銭をめぐる不祥事、つまり支部による分支部への物品販売等の強要が明らかになったから本部はこれを処断したものだ。添野支部長が恐喝容疑で逮捕されたことを本部の画策であると邪推し、関係のない郷田師範、盧山支部長が手先となって画策したと断言する池田の真意は何か。この点に関して、郷田勇三、盧山初雄から池田草兵ならびに『噂の真相』岡留編集長に抗議と謝罪要求が出され、謝罪文を郷田・盧山両氏は受け取っている。

おわびとお願い

今販《（ママ）》、「四天王・添野師範逮捕で明るみに出た極真会館の大スキャンダル」と題した『噂の真相』（八〇年一月号、二月号）掲載記事は、極真会館、大山館長サイドの取材拒否があったため、結果的に反極真会館系の人物たちの証言を多用せざるを得ませんでした。このため極真会館関係者から公平さを書く《（ママ）》旨抗議がありましたので、その事を率直におわびすると同時に公平な記事作成のため、大山館長自身が取材に応じていただくよう強くお願い申しあげます。

昭和五十六年三月十二日

ルポライター・池田草兵
『噂の真相』編集長 岡留安則
極真会館殿

アタマ悪いやつだな。デタラメ書きやがってとんでもねえやつだ、と抗議されているのに、「公平さを書く」のはよくなかったからこんどは取材させてくれと頼みこんでやんの。しかも文法間違えて。大山倍達は助平で、ケチで、弟子の出世を妬む狭量な男で、フリーキッシュで、殺人教唆者で、八百長試合の胴元で、技はインチキ、選手は八百長、組織は銭儲け、マスコミの作った張り子の虎云々が、公平さを欠く、ということの範囲かね。

まあいい、謝ったのだから、抗議者両名からの池田・岡留両名への重ねての追及はないと思うが、俺に言わせればこうだぜ。

第一に、池田草兵は、謝るだけでなく、自分のしたウンコを拭いていきなよ。

第二に、取材に応じなかったのはあたりまえで、警察事件になった同門の恥を、書くことを前提にしたジャーナリストに吹聴《ふいちょう》するバカがどこにいるか。

第三に、池田草兵の如きものが、ジャーナリズムは対立する双方にズカズカ上がりこんで話を聞く権利を持っていると思い込んでいることだ。池田草兵如きものとは、これから先は俺の意見だが、半分スパイみたいな野郎ということだ。

「大山館長サイドの取材拒否があったため」だって？　一月号〈前編〉で彼は書いている。「極真会館館長大山倍達氏に添野事件について取材を申し込んだが、女性事務員に『大山館長は全国大会で忙しいので』と断わられ、再三取材を申し込むと事務担当のイトウ氏を通じて『愛弟子については、何も語りたくない』との返答があっただけであった」

あたりまえだ。同門の恥、愛弟子の罪を第三者によろこんで話すような館長であるはずがなく、だいいち、支部と分支部の問題は極真の、まあ、お家騒動で、池田草兵に分かりやすく言ってやれば、よその会社の人事異動に首を突っ込むようなまねはするな、ということである。ここで「再三」といっているのも嘘で、取材申し入れは二回であり、イトウという事務局員はいない。郷田師範が、「樋口という事務局員はいる」と教え、樋口さんが、応対したのは私だ、と名乗り出ても、いや、イトウという人物がいて、その人との応答をテープに録ってある、とこうだ。じゃあテープを聴かせてくれ、と言うと、持って来るからと郷田師範に答え、そのテープは女房の家に預けたが見つからない、とこうだぜ。なにをつまらぬ意地を張ってるのか。イトウという人物はいないのだから、応答のテープが出てくるはずはない。誤爆は俺も得意だが、誤爆だと分かればすぐ認めるよ。

仮にイトウという人物が大山倍達館長の代弁をしたとすればミステリアスだ。俺は物書きとしての意地悪さで言っているのだが、同程度にミステリアスな電話が『パワー空手』の久米編集長のもとにかかってきて、いわく。「私は『噂の真相』のライバル誌の『話の特集』編集部のものですが、この度の記事に反論する意志があればうちの雑誌に掲載させていただきます」おかしいと思って久米編集長が「どちらの『話の特集』ですか?」と問い返すと、「新宿の『話の特集』です」だとさ。ミステリアスだねえ。久米さんはすぐ原宿の『話の特集』に電話して確めると、もちろん新宿の『話の特集』なんてありやしない。新宿にあるのは『噂の真相』だよ。

俺の推論では『噂の真相』のライバル誌の『話の特集』だと名乗るようなまねは武道家がするはずはなく、自分の書いたことの反応を見ようとする池田草兵の浅知恵だよ、きっと。いま一つバラしておくと『噂の真相』一九八一年四月号に「出版界マリファナ汚染地図」を書いた鈴木圭一は池田草兵と同一人だ。こういうのはタレコミというのではないのか。Aがどうした、Bがこうしたと頭文字で書いてあるが、池田草兵のようなやつは、警察にとっちめられでもしたらペラペラしゃべるに違いない。先に触れたように、こんな男がサツネタをリークしてもらっているようなので危なくてしようがない。

岡留安則よ、スキャンダリズムの金看板を張るなら、注意したまえ。俺の業界にはときどき池田のようなアホがいてこちらは免疫が出来ているからいいが、武道家には決していない種類のバカなので、きたないものを持ち込まれては迷惑する。極真カラテマンがどんな男たちか、抗議を受けて分かったことと思う。彼は四月号後記「編集長日誌」で「某月某日極真会館の郷田、盧山両師範など四名が突然来社。エキサイトした抗議を含めて二時間で引き揚げていった。大山館長は『三流四流雑誌だから取材拒否した』との説明だったが、反響が大きいためやむを得ず側近を派遣した様子だった。抗議慣れ（?）のせいか、相手が思ったより紳士的態度のせいか、空手の達人衆に取り囲まれてもこちらは恐怖感ゼロ」

極真カラテマンは、印刷所にいやがらせをしたり、机を叩いておどしにかかる右翼の類とはわけが違う。

ただし、俺は違う。俺は未熟者である。池田草兵が俺を誹謗したのではないから黙っているが、ぜひこの本を読んでもらい、俺の悪口を書いてもらいたい。俺は池田をひっぱたく。

エンディングに本質論だ。

会館、館長サイドの取材を拒否されたから「公正を欠いた」という遁辞《とんじ》は、一般論ではなく、まさにわれわれにはお笑い草である。まさに、だ。不祥事は不祥事として極真は看板通りの寸止めなしでえぐっているのであり、文字の上では館長の『日々研鑽』と、機関誌と、一門下生の俺も『第三文明』の一九八〇年六、七、八月号で（つまり本書の第四、五、六章で）力をこめて問題の所在を解明しているのである。俺の場合はたまたま文筆家だから公開したのであって、同様の反省が、武門のすべてとは言わないが、広汎に続けられていた。自己批判にはじまり、ついで支持者たちの批判を受けたのであるから、館長も、いずれ第三者から極真カラテのあり方、方針、組織に関し、批判が出ることは予感していたと思う。池田も俺の同業者だろうから言うが、大山倍達に嚙みつくのなら、もちっと牙を磨いたマシなやつに嚙ませたかった。

早晩、極真カラテが第三者の批判を浴びる日はくる。そのとき、正面から現実的ないしは現世的諸問題を引き受けるダイナミズムとともに、より野蛮に、突っ込んでいきたいと俺などもも思っていた。

左翼はジャーナリズムの「文化」との接点で腐る。
右翼は金で腐る。
格闘技はショー化との接点で腐る。

強力だが無名のものは「有名」との接点で腐る。

カラテは真空の中に浮かんだものではなく、博物館でほこりをかむっているものでもなく、「文化」「金」「女」「快楽」「名声」「野望」といった現世的なものとの接点で、誘惑されながら一筋の道をトコトコ歩いていくものであるから、それらの野望の接点でもだえ苦しむことは不可避だ。人間臭く、極端なまでに人間臭いことが不可避だ。大山先生がそうではないか。池田草兵の類の悪意を持って遇さずとも、大山倍達という人物は人一倍エクセントリックであり、諸々の現世的野望と誘惑のなかで巨人になった。

大山倍達という人は超常的な人である。あらかじめ悪意を持って見るものには悪夢のようにのしかかってくる巨人であって、それは今、池田草兵とその背後にいる人々が見た通りのものである。大山倍達を信じよ。この巨人を削り取ろうとするようなまねをよせ。四十歳になって師と呼べる人を持てる俺は幸運であるが、これは俺の純粋に個人的領域に属することなので他人に強要できる筋合いのものではないが、大山倍達を信じよ。したがって本巻の結びは、武運長久《ぶうんちょうきゅう》の一語。

書斎で書面を読む大山倍達総裁

第八章

『世界ケンカ旅』解説

第八章　『世界ケンカ旅』解説

ちょうど十年になる、この本を見つけたときから。「この人だな」と思った。強ければよい、やたらに強い実在の人物を見つけたい、と、日本の闇市時代に『水滸伝』の黒旋風李逵《こくせんぷうりき》に相当する人物を探していて、その名も強そうな大山倍達という名にぶつかり、町の本屋で見かけた本が本書と『ケンカ空手』だったのだ。

そのときからこちらは三十四歳、なぜカラテに興味を持ったかとたずねられて、「押忍、強くなりたいからです」と答える年齢ではない。大山倍達に会いたいという気持ちは、歴史意識だった。今でもそうだが、筆者は闇市に多大の興味を持っている。戦後日本に現出したほんものの共和国が闇市だったのではないかと思っている。笠置シヅ子のブギ、黒沢明の映画、肉体女優の京マチ子、戦後派文学、ストリップ、カストリ雑誌、バクダンショーチュー、市街戦規模のヤクザ戦争……そんなものがわらわらと噴き出したのが闇市時代であり、善悪取り混ぜて、欲望の生々しさと肉体主義といったものが時代の特色だった。

その上に進駐軍がいた。一番エラいのがダグラス・マッカーサーだった。この覇者は日本の近代史上にあらわれた唯一の独裁者らしい独裁者だったかもしれない。発音が似ているところから、マッカーサーを「真っ赤猿」と言うと、銭湯で見ず知らずのアンちゃんが、「坊や、そんなことを聞かれると捕まっちまうぞ」と注意してくれるような時代だった。マッカーサーが町の銭湯に入りに来るはずがないのに、それでもこどもが黙ってしまうほどの威力があった。日本には進駐軍と闇市の二重権力があり、その二つのすき間で、水雷艇長――といういかにも戦争時代の名残《なご》りをとどめた陣取りゲーム――や、かくれんぼをして遊んでいた。

その時代に強い男はだれだったか？　まず水泳の古橋、橋爪であり、短距離泳者の浜口だった。かれらがロスの水泳大会に出場し、百メートルから千五百メートルまでの記録を総ざらいしたときの驚異は忘れられない。疎開先の小田原在の酒匂《さかわ》という漁師町で、焼け残った並4《なみよん》ラジオを町の衆と囲んで、電波が干渉し合って波のように聴こえるロス中継にかじりついていた。そして小学校の上級のとき、力道山があらわれた。

テレビは駅前広場の一角に置かれた日除けカバーをかむった街頭テレビか、喫茶店やソバ屋に置かれたものしかなかった。街頭テレビは黒山の人だかりでぜんぜん見えない。喫茶店やソバ屋では、五十円特別料金を取って見せ、客たちは映画館に行くように力道山のテレビを見に行ったものである。

そのころ、力道山より強いかも知れないと噂された男がいた。カラテ家だそうだ。どうせ売名だろ。力道山より強い男がいるはずがないよ。

一九五六年十一月十一日、その男が牛と闘うのがテレビで放映された。闘牛の横綱を張った雷電号という黒牛がながながと映し出され、画面は牛の能書きばかりだった。やがてあまり意気の上がらない歓声が会場の——田園コロシアムだったが——一角から伝わり、へんな男があらわれた。じっさい「へんな男」だった。カラテ家だというのに、道衣ではなく、星のマークの入ったパンツにガウン。ガウンの下は裸で、カラテ家といえば仙人のようなイメージがあったのに、その人物は筋骨隆々としたレスラー型の体形で、観衆にアピールしようとする動作がへんに大げさで、へんにバタ臭かった。その所作は力士というより、サーカス芸人じみていた。彼はやる気のなさそうな雷電号と向き合った。

カラテというのは殴ったり蹴ったりするはずのものだった。牛を殴り倒した関口流柔術開祖の武勇伝はこどもでも知っている。それなのにこの人物は牛の首にかじりついて、ひねり倒しにかかった。牛と人間のねじり倒しっこが長々と続き、やがて牛は根負けしたようにゴロリと横になり、男はまた両手をあげて見得を切るというプロレス流の勝利宣言を発し、疎《まば》らな拍手を浴びて引き揚げていった。それだけだった。ただ、この人物の道化じみた動作と不釣り合いなまじめな顔が印象に残っている。

この人物が、牛を殴るのを禁じられ、星のマークの入ったパンツを穿かされて、泣き出したいような気持ちで牛に組みついたのだということが分かるまでには、あと二十年ほどを要したのである。牛殺し大山倍達の日本での実証は、失礼な言い方になるが、そのように惨憺《さんたん》たるものだった。

フジヤマのトビウオたちと力道山以外は、スポーツは、どうもイケナイ、という時代がずっと続く。野球ではサンフランシスコ・シールズという2A級チームが来日したとき、オール・ジャパンは手も足も出なかった。川上哲治や青田昇でさえも三球三振した。現在は大リーグ相手に日本の野球チームは何とか渡り合っているのに、当時はあちらの2A級に手も足も出なかったのだ。

技術の差がそれほどあったのだろうか？　違うと思う。敗戦コンプレックスだったと思うのだ。野球はあちらのお家芸ということでもない。敗戦コンプレックスは文化の全領域を覆っていて、音楽も映画も芸能も、学術や思想にまでも敗戦意識が染みついてしまっていて、アメリカとヨーロッパの前に縮こまってしまうのだ。ことにそれが格闘技の場合には如実であり、ボクシングの関光徳VSシュガー・ラモス戦（一九六四年三月一〇日）あたりまでその尾を引いたように思うのだ。関は左ストレートでラモスをぐらつかせたが、あと一歩踏み込めなかった。ぐらつく相手の前で華麗なフットワークを見せただけで、次のラウンドの反撃を許してしまった。そのとき感じたものは技術の差ではなく、心理的解放のスケールの差だった。ラモスは関を殴りつけることが快楽であるかのように攻撃した。それは多民族、多人種が自己を主張し合ってぶつかり合っているアメリカ社会の底力を思わせた。

関光徳、この同い歳の左強打者の敗北は、大げさにいえば、思想的重荷になった。なぜわれわれはあと一歩踏み込めないのだろう。見えない壁の前で立ち止まってしまうのか。勝って勝って勝ちまくって、自分を解放するという方式を戦後日本は見い出せないのか。俺は善戦はしているが勝利の美酒を知らないという思いが今もあるし、これが俺の一生の限界かな、と気が滅入ることもある。

しかし、勝って勝って勝ちまくった男がいたのである。それも相手をノシてしまうという明瞭なかたちで、世界を殴り倒した男がいた。自分は世界最強の男になりたい——こんなバカみたいに単純な目標を立てて、そうなり、それも伝説の彼方ではなく、目の前におり、会って話をして、握手もして、そういう、男としていたのである。しかも、その男、大山倍達の手は怪物じみたごついものだというのは嘘で、ふっくらと柔らかく、こちらの構えている気持ちがフッと消えるような手で、掌に霊力を感じるというのが本当なのだが、そしてその人物と一緒に食事したということが、筆者には事件になった。その場で入門したのだから——。

本書は勝って勝って勝ちまくっている時代の大山倍達の記録である。体力の黄金時代の大山倍達の記録である。ぜんぜん枯れていない時代の大山倍達の記録である。新弟子たちは、額面上は、『わが空手五輪書』（講談社、一九七五）等の、精神性の高い館長の著書に打たれました、と答えるだろう。答えとしてはそれでいい。ただし、内心はメチャクチャな時代の館長が好きです、と思っている必要がある。つまり本書に記されている如くの、暴れまわる大山倍達をだ。

文筆業者の商売柄、師の伝記に詳しいほうの弟子の一人だから、この本に書かれていることの、それ以前の物語とそれ以後の物語とを知っていて、それに照らしても、この本はすこし面白すぎるきらいはあるけれども、真実である。

プロレスラーの一行としてアメリカに乗り込んで、前座に出て、型の演武をはじめたとき小銭が飛んできたという記述が最初の章にある。観衆が叫びだし、「音楽でもやれって喚いているんだよ。冷たい口ぶりで、通訳は言った」ともある。観衆はカラテの型を東洋のダンスと間違えたのである。

この話は、まったく別の場所で、たしか新聞の文化欄だったと記憶するが、東西文化の違いを際立てるどちらかといえばこっけいな事象として報じられたことがある。

このとき、大山倍達が実戦しなければどうだったか？　板を割り、石を割り、ハンマーで自分の拳を叩かせ、挑戦者と戦って倒さなければ、カラテはあちらでは東洋の奇妙なダンスとして、日本でも、物質主義のアメリカに乗り込んで時代遅れの武術などというものを売りに出したへんな日本人として、扱われて終ったのではなかろうか。

カラテの型を見てダンスと間違え、投げ銭をしたアメリカ人を笑えないように思う。パンツ姿で牛と闘うように演出した日本人と大して変わりがない。違わなかったのは、大山倍達の情ない心だっただろう。

この巨人は、若き日、きれいごとをやってきたのではないのだ。道化もやったのだ。凶々《まがまが》しいまねもしたのだ。武道を一度、肉弾相撃つ様子を金を取って見せる格闘技の分野と並べたのだ。そのようにして、日本文化があと一歩踏み込めなかった「恐怖」「萎縮」「コンプレックス」「負け犬根性」の壁を破ったのである。

雷電号との闘いの前に450キロの猛牛をねじ伏せる大山六段
（館山市八幡海岸 1954年 1 月）

あとがき

初版～第三版

初版あとがき

師と武門について書き、師から序文をいただいて俺は幸福である。そのことを四十歳になって言うのだから、俺の四十歳は美しい。

五月十六日深更、電話が鳴って、ケープタウンからの館長の声だった。——いま着いた。空港からだ。雰囲気が伝わるかね。四百、いやそれ以上、アフリカの弟子たちが私を出迎えていてくれる。あなたに見せたい光景だ。ところでタイトルの件だが、あなたの第一案でいこう。機中三十七時間かかったよ。ゲラをよく読ませてもらった。原案通りで行こう。

ブラック・パワー第一波は合衆国、第二波はカリブと南米、第三波はいよいよアフリカだ。

この判断は音楽とカラテで一致する。そして館長自らアフリカに乗り込んだのである。

「私のことを書いた本に私が序文を寄せるというのはヘンじゃなかろうか」

「ヘンです。ですが、こういうヘンなことをやる人がほかにいるとは思いませんので、序文を下さい」

「その言い方はヘンでいいね。承知しました」

そういう会話があって、本書のタイトルは決定されたのだが、アフリカ出立の前夜まで館長は考え、変更した方がよくはないかという意向もあったが、機中そのことを考え、到着直後の空港で断を下していただいたのである。

大山倍達を信じよ、という直截なタイトルを俺自身は気に入っている。館長は、弟子の著作のタイトルにこれほどまでに気をつかってくれた。ありがたいことだ。タイトルのつけ方に俺はこだわったのではない。俺は大山倍達を信じよと言っているのである。タイトルではなく、「信じよ」と読者諸兄に強要するつもりでいるからである。押忍。

第二版あとがき

今から約九百年前の昔、北宋最後の皇帝徽宗《きそう》の代に、宋江以下三十六人の盗が梁山《りょうざん》に上って山東《さんとう》を騒がせたという史実が物語のはじまりである。中国では「盗」とは国を盗むこと。その三十六人に、倍数七十二を加えて、天罡星《てんこうせい》三十六、地煞星《ちさつせい》七十二、あわせて人間の煩悩の数百八を背負った革命の星が農民反乱軍を率いて「替天行道《てんにかわってみちをおこなう》」物語が『水滸伝』であることは言うまでもない。

その『水滸伝』の主舞台、山東省梁山泊を訪れたいという永年の念願が叶った。その後の黄河の氾濫で九百年前の舞台は四メートル地下に埋もれ、梁山を取り巻いていた広大な泊（浅い湖）は消滅したが、梁山は残った。

百八人の英雄好漢の魂をまつる聚義庁《しゅうぎちょう》は梁山の頂に再建されていた。深い谷を一つ挟んで練武場跡があった。ここが、花和尚魯智深《かおしょうろちしん》が、黒旋風李逵が、行者武松《ぎょうじゃぶしょう》が、豹子頭林冲《ひょうしとうりんちゅう》が、武術を競った跡だ。そこには六畳敷くらいの平らな岩があった。

その岩の上で俺は極真カラテの基本稽古を行って大山先生の霊に捧げた。終って十数秒間、岩の上に寝転がり、ミネラルウォーターを一瓶頭にかけてから、あぐらをかいて『水滸伝』の革命思想に関する総括コメントをした。太陽が真上から照りつけていた。一九九四年七月六日の真昼だった。

梁山泊紀行はNHK『わが心の旅』のテレビ撮影のためで、他のシーンはディレクターの指示に従うが、ただ一つだけ、梁山で演武し総括演説をする場面だけは自分の限界までやるから、カメラをまわしっぱなしにしておいてくれ、とスタッフに頼んだ。正拳、裏拳、肘、手刀、受け、蹴り、道場で教わった全部をやる。最後のほうは呼吸も乱れ、よろめくだろうが、構わないからまわしっぱなしにしてくれ。そして体力の尽き果てた時に『水滸伝』について語るコメントが俺の実力だから、それもおさえてくれ。

やれた。自分なりの大山先生への供養はそのやり方だった。終って断崖に立つと、谷底から、道衣がふくらみズボンがはためくほどの裂風が吹いた。一つ向こうの頂に聚義庁が見えた。百八人の豪傑の霊が答えてくれたように思う。

天・地・百八の星は、ひとたびの役割を終えて、ふたたびの出会いを求めて宙宇に飛散したという『水滸伝』の記載は真実である。世界の米・ソ・第三世界三極の三国志時代はおわり、義侠の『水滸伝』時代が地球大規模で到来する予感がする。

第三版あとがき

平岡秀子

九月の終わりに秀英書房の編集者から『大山倍達を信じよ』をぜひ復刊したいとのお話があり、突然の思いがけないことでいささか驚きましたが、亡き主人平岡正明の本が再び全国の本屋さんに並ぶことは、やはり作家の妻としてうれしいもので承諾いたしました。

また私にこの第三版の「あとがき」を書いて欲しいとお願いされてしまい、うろ覚えの記憶をたどりながら書いております。

思えば当時、平岡は尊敬する師匠の大山先生の本を出すということで、うれしそうにまた時には緊張した面持ちで机に向かいペンを走らせておりました。平岡は池袋での稽古からの帰り道、近くの公園で毎回吐いていたらしく、家に着くと彼は必ずその話をし、そんな話を聞くたびに、何でこんなことしてまでも稽古に行く彼を私はなかなか理解できませんでした。

またこの本に収録されている大山先生のスピーチ写真は一九七九年に平岡が執筆した『山口百恵は菩薩である』の出版記念パーティーのものです。この時が大山先生にお会いした最初の日でした。第一印象は「スーツがとてもお似合いな紳士」でした。分厚い胸板、広い肩幅、シルクの紺色のスーツで笑顔の大山先生は本当に素敵でした。当日のパーティーには大勢のお客様が出席してくださり、なぜか主役であるはずの平岡が壇上で司会をやっていて、客席を楽しませていたのがとても印象に残っております。

ある時期、平岡と大山先生はよくステーキハウスに行き、皿からはみ出る大きなTボーンステーキを彼は毎回大山先生と同じくらいの量を食べて周囲を驚かせていました。また二人のレストランでの収録写真で平岡が着ているコートにはちょっとした思い出があります。当時平岡の仕事が大変忙しい時期で私と一緒に新宿の伊勢丹へ行き、彼がこのコートを見つけました。当時でもとても高価なもので、彼がこのコートを着ると、いろいろな方から「新左翼のくせにこんなコートを着ていいのか」などいろいろ言われたりして、その時の平岡の苦笑していた顔は今でもはっきりと覚えております。少しずつ思い出してきましたが、これ以上書くと予定よりも長くなりそうなので、このあたりでお仕舞にしておこうかと思います。

最後にあらためて平岡に極真空手の素晴らしさを教えてくださり、また人生の師匠としていつも優しい眼差しで見ていただいた今は亡き大山倍達先生、そして平岡を空手マンとして育てていただいた極真空手の指導員の方々、壮年部の皆様、本当にありがとうございました。いまごろ平岡はあの世で大山先生の指導を受けていることでしょう。

レストランにて　著者と大山総裁（1978年）

偉大なるわが師とともに

初出一覧

序　章　すこしずつおかしな日　書下ろし　一九九四年七月
第一章　石原莞爾と若き大山倍達　『第三文明』　一九七六年三月号
第二章　体力論丹田編　季刊『月下の一群』　一九七六年夏号
第三章　極真空手的当世健康論批判　『現代の眼』　一九七八年十月号
第四章　極真空手の野蛮を愛す　『第三文明』　一九八〇年六月号
第五章　喧嘩原論　『第三文明』　一九八〇年七月号
第六章　実存と暴力　『第三文明』　一九八〇年八月号
第七章　大山倍達を信じよ　書下ろし　一九八一年五月
第八章　『世界ケンカ旅』解説　『世界ケンカ旅』（徳間文庫）解説　一九八五年二月

平岡正明（ひらおか・まさあき）

1941年東京生まれ。早稲田大学露文科中退。ジャズ評論家。文芸評論家。故大山倍達館長の愛弟子で極真空手黒帯。1964年に評論家デビュー。1970年ごろから太田竜、竹中労らと世界革命浪人（ゲバリスタ）を名乗り、新左翼系文化人として注目を集める。70年代後半以降は文学や音楽、芸能などに領域を広げる。著書に『菩薩のリタイア』、『日本の歌が変わる』、『ボディ&ソウル』、『他人の穴の中で』（以上、秀英書房）、『武道論』（大山倍達氏と共著。徳間書店）、『クロスオーバー音楽塾』、『山口百恵は菩薩である』（以上、講談社）、『長谷川伸』（リブロポート）、『清水次郎長の明治維新』（光文社）、『美空ひばりの芸術』（ネスコ）、『立川談志と落語の想像力』（七つ森書館）ほか多数あり。受賞歴は『大歌謡論』（筑摩書房）で大衆文学研究賞、『浪曲的』（青土社）で斎藤緑雨賞がある。また現代のカルチュラル・スタディーズの先駆者として、近年評価が高まっている。2009年逝去。

大山倍達を信じよ　第三版
―― ゴッドハンド本紀 ――

2023年 1 月10日　第 1 刷発行

著　者　平岡正明
発行者　松原正明
発行所　株式会社 秀英書房
https://shueishobo.co.jp
〒215-0021　神奈川県川崎市麻生区上麻生6-33-30
電話：03-3439-8382（お問い合わせ）
本文印刷　信毎書籍印刷
ジャケット印刷　歩プロセス
製本所　ナショナル製本
ブックデザイン　井上祥邦（yockdesign）
編集統括　瀬戸起彦（秀英書房）

ISBN978-4-87957-147-2